HEINZ MARUHN

Wie fang' ich's an?

Methodische Handreichungen der Tanzvermittlung

FIDULA

HEINZ MARUHN

* 1922	in Angnitten/Ostpreußen
1933-1940	Gymnasium in Braunsberg
1940-1945	Kriegsdienst/Gefangenschaft
1946/1949	Pädagogikstudium an der Goethe-Universität Frankfurt
1949-1961	Lehrtätigkeit als Musiklehrer an Frankfurter Schulen
1961-1965	Berufung als pädagogischer Mitarbeiter an das Institut für Musikerziehung – Goethe-Universität Frankfurt
1965-1974	Berufung als Musikdozent an das Pädagogische Fach-Institut Jugenheim/Bergstraße
1974	Berufung als Professor für Musikpädagogik im Fachbereich Sozialpädagogik der Fachhochschule Darmstadt

2. Auflage 1988

Zeichnungen: Herbert Becker
Gestaltung: Johannes Holzmeister

WIE FANG ICH'S AN?

Der Bewegungstrieb ist in jedem Menschen natürlich und ursprünglich vorhanden. Aber statt zu gehen, zu laufen und sich während der Arbeit zu bücken, zu drehen, zu recken, sitzt man stundenlang unbewegt vor dem Fernsehgerät, vor dem Computer, im Auto. Im Zeitalter der Massenkultur, der technisierten Arbeitsweisen und Fortbewegungsmöglichkeiten bleiben nur wenig Zeit und Gelegenheit, sich zu bewegen. Dieser chronische Bewegungsmangel hat erfahrungsgemäß ernste Gesundheitsschäden zur Folge. Symptome wie Kopfschmerzen, Rückenbeschwerden, Übergewicht und Erkrankungen des Herzens und des Kreislaufs resultieren zum maßgeblichen Teil aus Bewegungsmangel, so daß die Mediziner zur Gesunderhaltung des menschlichen Körpers regelmäßige Bewegungsübungen fordern.

Neben den sportlichen Disziplinen hat sich der Tanz als vorzügliches Mittel zur Linderung und Heilung bewährt. Möglichst früh sollten die Kinder schon im Kindergarten und in der Schule mit Bewegungsspielen und Kindertänzen bekanntgemacht werden, zumal damit nicht nur gesundheitlichen Aspekten Rechnung getragen wird, sondern ebenso den emotionalen. Bewegung und Tanz führen aus der passiven Zuschauerrolle, wie z. B. beim Fernsehen, heraus und vermitteln Vergnügen an der eigenen körperlichen Bewegung. Wer hat nicht schon selbst erlebt, daß rhythmisch geprägte Musik in die Beine fährt und zum Mitschwingen, zu Schritten und Drehungen anregt wie auch zu teilkörperlichen Bewegungen wie Stampfen, Patschen, Klatschen, Schnalzen und Schnipsen.

In der Gruppe kommt noch die Freude an der Begegnung mit den Mittänzern dazu. Freude ist unerläßlich zur Balance zwischen Körper, Geist und Seele, die in unserer überorganisierten und hochtechnisierten Welt vielfach gestört ist. Die intellektuelle Erziehung sollte durch Methoden ergänzt werden, die eine Entfaltung der körperlichen Äußerungs- und Ausdrucksmöglichkeiten Rechnung tragen. Bei Pädagogen wächst mehr und mehr die Bereitschaft, dem motorischen Bereich innerhalb der Erziehung den gebührenden Platz einzuräumen. Bereits im Elementarbereich sollte die Bewegungs- und Tanzerziehung gefördert und weiterentwickelt werden. Um neue didaktische Ansätze zu gewinnen, sollten Erzieher und Primarstufenlehrer Erfahrungen über Problemlösungen auf diesem Gebiet austauschen. Empirische Forschungen könnten wissenschaftlich fundierte Grundlagen für eine effektivere Didaktik und Methodik bereitstellen. In der Bewegungs- und Tanzerziehung geht es nicht um ein einseitiges Training, wie es heute zuweilen im Leistungssport geschieht. Unter Einbeziehung von Musik kann ein Zugang zur ganzheitlichen Bildung des Menschen erfolgen und dadurch zur sogenannten Mitte zurückführen. Diese Herausforderung interessiert gleichermaßen Gymnastik-, Sport- und Tanzlehrer, Musik- und Kunsterzieher, Rhythmiker, Musiker und Sportler. Sozialpädagogen in Kindergärten und -heimen, in Vorklassen, in der Eingangsstufe der 3- bis 6jährigen bemühen sich, die Grunderfahrungen der Bewegung und des Tanzes in spielerischer Form zu vermitteln.

Wiederholt wurde ich von Pädagogen gefragt:

„Wie fang' ich's an?"

Die folgenden Ausführungen sollen zu diesem Thema einen Beitrag leisten, der mit einem theoretischen Teil beginnt, und zwar mit Informationen über die Funktion von Bewegung und Tanz und über die Einbeziehung in die Erziehung. Nachfolgend schließen sich didaktische und methodische Erörterungen an, sowie exemplarische Unterrichtshilfen für die Praxis im Elementarbereich (Kindergarten und Primarstufe). Zum Verständnis der fachlichen Ausführungen wurde versucht, mit Hilfe von grafischen Darstellungen und Zeichnungen Bewegungs- und Tanzformen zu veranschaulichen.

Als unerläßliches Moment in der Bewegungs- und Tanzerziehung ist das **eigene Engagement** zu werten. Kinder merken sehr schnell, ob der Erzieher und Lehrer selbst gern tanzt und positiv dieser Unterrichtsmaterie gegenüber eingestellt ist. Wenn ja, lassen sich Kinder schnell motivieren, es ihm nachzumachen. So wichtig auch Aufzeichnungen von Bewegungs- und Tanzbeschreibungen sind, die Umsetzung in die Wirklichkeit geschieht nur durch eigenes Tun. Das Kennenlernen und Erlernen wird durch den Besuch von Tanzlehrgängen erleichtert (Angaben hierzu im Anhang dieser Broschüre).

Methodische Hinweise und Ratschläge für **alle Interessenten, die mit Kindern tanzen wollen,** sind im nachfolgenden aufgezeigt. Im Abschnitt „Kindertänze" habe ich versucht, eigene Ideen zur Gestaltung dieser Tänze zu entwickeln. Dabei ließ ich mich von zwei Gestaltungsprinzipien leiten:

1. Tänze vereinfachen
2. Tanzformen selbst erfinden

Johannes Holzmeister bin ich zu großem Dank verpflichtet; denn er hat die Herausgabe dieser Schrift angeregt und von seinem Verlag aus in jeder Weise unterstützt.

Mögen diese Materialien zur Didaktik und Methodik der Bewegungs- und Tanzerziehung im Elementarbereich dazu beitragen, dem Kindergarten und der Grundschule neue Impulse und Anregungen zu geben.

Darmstadt, im Jahre 1985

INHALT

Vorwort

B

Bewegungsspiele (B) für 4- bis 7jährige Kinder

B

Bewegungsspiele (B) für 8- bis 10jährige Kinder

T

Tanzspiele (Spiellieder) für 4- bis 7jährige Kinder

T

Tanzspiele (Spiellieder) für 8- bis 10jährige Kinder

K

Kindertänze für 4- bis 7jährige Kinder

K

Kindertänze für 8- bis 10jährige Kinder

1. Zur Funktion der Bewegung

Körperliche Bewegung hat stets mit Leben zu tun. Bewegungserfahrung führt wie akustisches und visuelles Lernen durch Wiederholung und Übung zu Wissen und Können. Körperliche Bewegung ist ein wichtiges nonverbales Kommunikationsmittel. Neben der geistigen Bildung und Erziehung sollte daher die Notwendigkeit der körperlichen Bewegung als lebenswichtiges Medium erkannt und anerkannt werden. Nicht nur für den Sport-, sondern auch für den Musikunterricht ist der motorische Lernprozeß von besonderer Bedeutung.

1.2 Bewegung als Kommunikationsmittel

Wie die Sprache so hat auch die Bewegung Anteil an der Kommunikation der Menschen. Durch Bewegung (Gestik und Mimik) allein können sich z. B. Taubstumme untereinander verständigen. Ein Redner ist besser zu verstehen, wenn man ihn sehen und seine Bewegungen beobachten kann. Wer sich in einem fremden Land aufhält, dessen Sprache er nicht beherrscht, kann sich durch Gesten verständlich machen. Bei internationalen Veranstaltungen kann ein gemeinsamer Tanz (Bewegung nach Musik) vielfach schneller einen Kontakt zwischen den Teilnehmern herstellen als Reden und Diskussionen.

Nonverbale Kommunikation (Mitteilung ohne Sprache) geschieht auch z. B., wenn der Säugling seiner Mutter nachdrücklich seine Wünsche mitteilt. Das Kleinkind verschafft sich durch sein starkes Bewegungsbedürfnis Kontakt zu seiner Umwelt. Leider wird in der Schule dem Bewegungsdrang der Kinder nicht genügend Rechnung getragen. Es bleibt zu hoffen, daß die Bewegung in die Erziehung einbezogen wird, um diesem elementaren Bedürfnis zu entsprechen.

1.3 Bewegung als Mittel der Gesunderhaltung

Die körperliche Bewegung kann als diagnostisches Mittel eingesetzt werden; denn mit ihrer Hilfe können Rückschlüsse auf die psychische Verfassung des Menschen gezogen werden. Die Bewegung ist ein Bindeglied zwischen geistigen und körperlichen Prozessen. Nach wissenschaftlichen Untersuchungen der neueren Anthropologie gibt es keine strikte Trennung zwischen Körper, Geist und Umwelt. Humanwissenschaftler und Entwicklungspsychologen stellen die psycho-physische Einheit im Bewegungsablauf heraus. Wird die Motorik behindert, bedeutet dies eine Einengung und Einschränkung des ganzen Menschen. H. Bach stellt fest: „Bewegungen sind also mehr als bloße Bewegungen, sie sind Urformen und Begriffe, des Denkens und der Haltungen des Menschen.*

Ärzte weisen darauf hin, daß Bewegung den Menschen gesund erhält und daß andererseits Bewegungseinschränkung Herz-, Gefäß- und Kreislaufkrankheiten zur Folge haben kann. Sie empfehlen mit Nachdruck die vielseitige körperliche Bewegung nicht nur als therapeutisches, sondern vor allem als prophylaktisches Mittel.

*Bach, H.: Die psychomotorische Erziehung. In: „Rhythmik und Pädagogik"; 28. Jg. 1970 Nr. 5, S. 2

1.4 Bewegung als Mittel zur Kreativität

Während der Begriff Kreativität früher auf das phantasievolle Schaffen eines Künstlers begrenzt war, wird er heute als pädagogische Zielsetzung für alle Akte des Denkens und Handelns verwendet, soweit sie ursprünglich, einfallsreich, neuartig und selbständig sind.

Im Bewegungsspiel kann das Kind zu kreativem Tun veranlaßt werden. Dabei bildet die Bewegung die Grundlage, vielfach verbunden mit Rhythmus, Musik und Sprache.

Folgende Merkmale sind Kennzeichen der Kreativität:

- Die **Phantasie** ist der grundlegende Faktor des schöpferischen Tuns und schafft erst die Voraussetzung hierzu.
- Mit **Flexibilität** ist es möglich, sich in neue Situationen einzufügen, sich bewegungsmäßig anders als vorher zu verhalten, sich von Gewohntem zu lösen und neue Bewegungsformen zu entwickeln.
- Zur **Originalität** motiviert der Erzieher mit der Aufforderung, eigene Bewegungsfiguren zu suchen.
- In der **Spontaneität** liegt die Gelegenheit, aus eigenem inneren Antrieb und augenblicklich eine Aufgabe zu lösen, sei es im Bewegungsspiel oder beim Entwickeln eines Tanzes.
- Mit **Sensibilität** können die Sinne aktiviert und visuelle und akustische Reize verarbeitet werden, wobei es um die Verbesserung der Wahrnehmungsfähigkeit geht.
- **Variation und Improvisation** sind Begriffe, die sowohl in der Musik als auch in der Rhythmik Abwandlung, Veränderung und einfallsreiche unvorbereitete Erfindung beinhalten, die durch die Aufgabenstellung zu stegreifartigem Spiel auffordern.

2. Zur Funktion des Tanzes

Der Tanz ist geformte koordinierte Bewegung nach Musik oder rhythmischen Klängen als Ausdruck innerer menschlicher Vorgänge, sowohl begrenzend wie auch umfassend die Bereiche Gymnastik, Rhythmik und Pantomime. Die vorhergehenden Informationen und Aussagen über die Funktion der Bewegung gelten ebenso für den Tanz.

2.1 Der Tanz als Medium der Gruppenpädagogik

Die Wirksamkeit des Tanzes als Medium innerhalb der Gruppenpädagogik hat sich seit langem bewährt und wurde durch zahlreiche Veröffentlichungen (siehe Literaturverzeichnis S.) belegt. Somit verdient der Tanz die gleiche Anerkennung wie Sport und Spiel. Wie schon unter 1.2 betont, kann die Kommunikation in einer Gruppe nicht nur durch die Sprache, verbal, sondern auch durch Mimik, Gestik, non-verbal, geschehen. Im Tanz können die Möglichkeiten der freien eigenen Bewegungsäußerungen zum Ausdruck kommen, die Kontaktaufnahme in spielerischer Bewegung wirkt sich positiv auf die Gruppe aus, Schwierigkeiten können abgebaut, Aggressionen abreagiert werden. Vor allem können durch den Tanz kreative Verhaltensweisen gefördert werden.

2.2 Der Tanz als Erziehungsfach

Im Vergleich zu Großbritannien und zu den Vereinigten Staaten spielt die Tanzerziehung in den Schulen deutschsprachiger Länder eine recht bescheidene Rolle. Im Interesse unserer Kinder und Jugendlichen sollten wir Erzieher den Tanz im Lehrangebot berücksichtigen. Dies könnte sich im Rahmen einer pädagogischen Teamarbeit abspielen, die mit Ausgewogenheit jeweils die Leibeserziehung mit den Fächern Bewegungs-, Musik- und Rhythmische Erziehung in Einklang bringt, wobei der Tanz der Bewegungserziehung zugeordnet wird.

Nach meinen eigenen Erfahrungen kann der Tanz für Kinder und Jugendliche aller Altersstufen attraktiv sein. Wie schon in der Einführung erwähnt, hängt dies vom eigenen Engagement des Pädagogen ab, ob er selbst mit Freude tanzt. Darüber hinaus ist der Tanz ein ästhetisches Erziehungsmittel zu einer unverkrampften Haltung, zu einem entspannten Gehen und gelösten Bewegen. Der Tanz vermittelt das Erlebnis eines Raum- und Zeitgefühls. Die folkloristischen Elemente schaffen einen Zugang zu den Bräuchen und Besonderheiten anderer Länder und Völker und erleichtern gleichfalls den Zugang zu alten und modernen Tänzen wie auch zu kreativen Äußerungen im übrigen Tanzgeschehen.

3. Überlegungen zu fächerübergreifenden Ansätzen der Musik-, Bewegungs- und Tanzerziehung

Musik, Bewegung und Tanz können als eigenständige Bereiche wie auch als fächerübergreifendes Prinzip in den Musik- und den Sportunterricht voll integriert werden. Durch Bewegungsspiele, durch gebundene und freie Improvisationsformen kann das Erlernen bestimmter Bewegungsarten und Tanzformen gefördert werden und sowohl durch genaue Imitation als auch durch freie Gestaltung erfolgen. Durch richtige Anwendung von Gestik, Mimik und Gebärde lernen Kinder sich besser verständlich zu machen. Der einzelne lernt im Rahmen der Gruppe gewisse Spielregeln des menschlichen Verhaltens kennen und bemüht sich, diese zu beachten und zu tolerieren. Durch Bewegung und Tanz können Hemmungen und Ängste abgebaut und Gefühle für natürliche und ungezwungene Bewegung gewonnen werden. Akustische Phänomene wirken dabei unterstützend.

Die Bewegung erfüllt und verbindet alle Bereiche musikalischer Betätigung. Wer sich also intensiv mit Musikerziehung befaßt, der muß den ganzen Menschen (Körper – Seele – Geist) miteinbeziehen und darf die Bewegung und die Sprache, einschließlich der Gestik und Mimik dabei nicht ausschließen. Umwelteindrücke und geistig-seelische Stimmungen werden in der körperlichen Bewegung sichtbar zum Ausdruck gebracht. Erfolgreiche Rhythmiker haben immer wieder eindeutig bewiesen, daß die Harmonisierung der Innen- und Außenwelt und das Gefühl für Raum und Zeit, Dynamik und Form überzeugend herbeigeführt werden können. Aber auch Selbstbeherrschung, ausgewogenes Verhältnis zum Mitmenschen und zur Umwelt, Abbau von Hemmungen und Aggressionen, Sensibilisierung, Begriffsbildung, Konzentrations- und Kontaktfähigkeit, Phantasiebildung und Kreativität werden durch die rhythmisch-musikalische Erziehung gefördert.

Die Musikerziehung kann sich in der Zukunft nicht nur auf dem Geistig-Abstrakten aufbauen, sie muß auch das Körperliche und das Emotionale miteinbeziehen. Alle Phänomene der Musik wie Takt, Metrum, Rhythmus, Dynamik, Form etc. lassen sich durch körperliche Bewegungen in die zeitliche und räumliche Darstellung transferieren. Durch diese aktive Auseinandersetzung kann die Grundlage zu einer neuen Musikalität, zu neuem Musizieren, zu neuer Musikanschauung und zum besseren Musikverständnis gebildet werden.

Auch der Sportlehrer sollte über Kenntnisse der Rhythmik und Musiktheorie verfügen, um diese in seinem Unterricht zur Anwendung zu bringen, wie z. B. Kenntnisse in traditioneller und grafischer Notation, Kenntnis der gebräuchlichen Taktarten und deren Schwerpunktbetonung und die Fähigkeit, Bewegungsabläufe und Übungsfolgen zu rhythmisieren. Selbstverständlich kann es nicht Aufgabe eines Sportlehrers sein, dem Schüler musiktheoretische Kenntnisse zu vermitteln. Doch sollte er darauf bedacht sein, eine enge Wechselbeziehung zum Musikunterricht anzustreben. So werden z. B. im Musikunterricht verschiedene Tanzformen wie Menuett, Walzer, Polka, Rheinländer etc. und deren rhythmische Wiedergabe behandelt. Darauf kann der Sportlehrer aufbauen. Eine gute Teamarbeit zwischen Sport- und Musiklehrer an einer Schule ist eine wichtige Voraussetzung für die anzustrebende Einheit körperlicher und geistiger Fähigkeiten im Bildungsprozeß.

Auch Musik und Sprache stehen in enger Beziehung zueinander. Die Bewegung kann durch die Sprache unterstützt werden. So kann mit Hilfe des Sprachrhythmus eine Bewegung ausgelöst werden. Daraus resultiert die Einheit von Bewegung, Musik und Sprache, wie es Carl Orff exemplarisch in seinem Schulwerk dargestellt hat. Deshalb sollte auch die Sprache als wichtiger Faktor zur Kommunikation gesehen werden. So könnte auch der Deutschlehrer eine Zusammenarbeit mit dem Musik- und dem Sportlehrer der Schule anstreben.

Mit historisch überlieferten Tänzen könnte ein äußerst lebendiger und sozialkritischer Geschichtsunterricht erteilt werden, denn durch eigenen Nachvollzug der Tanzbewegungen und -formen könnte ein anschaulicher Zugang zur Vergangenheit geschaffen werden. Dadurch könnte eine Vertiefung des Geschichtsbewußtseins erfolgen.

Im Bereich der Vor- und Grundschulpädagogik könnte die rhythmisch-musikalische Erziehung außer im Musik- und Sportunterricht auch im Sprachunterricht, im Sach- und Schreibunterricht, in der Mengenlehre und im Kunstunterricht voll integriert werden, um dadurch die Fähigkeiten des Wahrnehmens, des Sprechens, des Denkens und des eigenen Erfindens bei den Kindern zu entwickeln und weiter zu fördern.

Bewegung, Tanz und Musik sind Bereiche, die sich gegenseitig beeinflussen, anregen und ergänzen können. Alle drei Bereiche haben es mit Entfaltung, Gestaltung, Phantasie und Kreativität zu tun.

Verhaltensstörungen und Fehlentwicklungen bei Kindern und Jugendlichen stellen die Pädagogen der Gegenwart immer wieder vor neue Probleme und Aufgaben. Neben gewissen Leistungsforderungen sollte das Selbstbewußtsein und die Persönlichkeit des einzelnen gefördert werden. Ziel ist: **der kritische, verantwortungsbewußte und kreative Mensch.** Die schöpferischen Kräfte der Individuen sollten geweckt und zur Entfaltung gebracht werden.

Das Leben ist ohne Bewegung nicht denkbar. Der Tanz ist die ansprechendste Form der Bewegung in einem gut gegliederten Ablauf. Durch den Tanz wird der ganze Mensch angesprochen. In der Gruppenpädagogik sollte daher der Tanz als wirksames Medium eingesetzt werden. Vor allem sind Reihen- und Kreistänze geeignet, Beziehungen innerhalb der Gruppe herzustellen. Dabei übt der einzelne, sich zu entspannen und in eine Gruppe einzuordnen. So können beim Tanzen Verklemmungen, Hemmungen, aber auch Aggressionen abgebaut und die Kreativität des Einzelnen gefördert werden.

Durch jahrelange praktische Tätigkeit mit Kinder- und Jugendgruppen in Kindergärten, Schulen und außerschulischen Institutionen, sowie mit Studentengruppen der Fachhochschule in Darmstadt habe ich immer wieder erfahren und bestätigt gefunden, daß vom Tanzen eine faszinierende und mitreißende Wirkung auf alle Altersgruppen ausgeht. Deshalb möchte ich hier noch einmal deutlich hervorheben und betonen:
Musik, Bewegung und Tanz sind ideale non-verbale Kommunikationsmittel, die unbedingt im Kindergarten, in der Primarstufe (Grundschule) und ebenso in den späteren Altersstufen eingesetzt werden sollten.

4. Zur motorischen Situation

4.1 Zur motorischen Situation des 4. bis 6. Lebensjahres

Durch den Mangel an Bewegungsraum, vor allem in den Großstädten, werden die Bewegungsmöglichkeiten der Vorschulkinder sehr stark eingeschränkt. Wo gibt es heute noch Wohnungen mit ausreichendem Platz zur Bewegung? Welche Spielplätze sind so angelegt, daß sie die Kinder zu aktiven Bewegungsspielen motivieren?

Wenn ein Kind mit 6 Jahren beim Schuleintritt noch nicht lesen und schreiben kann, ist weitaus weniger versäumt worden als bei dem Kind, das seine motorischen Fähigkeiten und Fertigkeiten nicht voll entwickeln konnte. Mit Hilfe der Bewegung erfährt das Kind Kontakt zu seiner Umwelt und erweitert dadurch seinen Erfahrungsraum.

Das Kind im Vorschulalter hat einen starken Bewegungs- und Betätigungsdrang. Deshalb können die Kinder nicht allzu lange stillsitzen, denn sie sind leicht ablenkbar und können sich nur relativ kurz konzentrieren. Diese Überlegungen sollte der Erzieher beachten und in seine Unterrichtsplanung miteinbeziehen. Deshalb brauchen Kinder dieses Alters Abwechselung oder Ablenkung, um nicht vorzeitig zu ermüden. Durch Bewegungserfahrungen wird das Gedächtnis des Kindes geübt. Die Sprache, die Mimik und die Gestik des Erziehers kann dabei die Bewegungen der Kinder fördern und unterstützen.

Das Tempo der motorischen Entwicklung hängt in besonderem Maße von den angebotenen Übungsmöglichkeiten und Bewegungsanregungen ab. Das Vorschulkind kann auf einfache und ausgeprägte Rhythmen relativ gut mit entsprechenden Bewegungen reagieren, z. B. schwer - leicht, laut - leise, langsam - schnell etc. Nur die Koordination seiner Bewegung zum Metrum der Musik fällt den meisten vierjährigen Kindern noch schwer. Hier sollte der Erzieher abwarten und die nötige Geduld aufbringen, um den Kindern den Mut nicht zu nehmen. Jedoch können bereits im Vorschulalter recht gute Ergebnisse in der passenden Zuordnung von Bewegungen zu einfachen Rhythmen, z. B. Geh-, Lauf-, Hüpf- und Galopprhythmen erreicht werden.

Der Erzieher sollte verschiedene Bewegungsformen selbst vormachen, damit die Kinder zunächst zuschauen und dann die Bewegung imitieren können. Abzählreime, Lieder, Spiele und Tänze, die in Bewegung umgesetzt werden, gehören auf diese Weise bald zum Repertoire der Kinder. Dabei erlernt das Kind in spielerischer Form die Geschicklichkeit und die Verhaltensweise, die für die jeweiligen Bewegungen erforderlich sind.

Ein ausgeprägtes Gruppenbewußtsein gibt es in dieser Altersgruppe noch nicht. Es existiert für das Kind lediglich eine Spielgruppe als Form einer gewissen Ordnung, die jederzeit wieder aufgelöst und neu zusammengestellt werden kann. Doch kann durch diese lockere Form einer gewissen Bindung die häufig anzutreffende egozentrische Einstellung des Kindes nach und nach überwunden werden.

4.2 Zur motorischen Situation des 6. bis 9. Lebensjahres

Bis zur 2. Klasse der Primarstufe ist der kindliche Bewegungsdrang noch stark ausgeprägt. Erst ab der 3. Klasse neigt das Kind zu ruhigen und sparsamen Bewegungen. Auch kann sich das Kind jetzt schon länger auf eine bestimmte Tätigkeit konzentrieren und wird nicht so leicht davon abgelenkt. Die Koordination seiner Bewegungen kann ihm noch schwerfallen, falls dies nicht schon vorher im vorschulischen Bereich geübt wurde.

In der 1. und 2. Klasse sollte der Erzieher daher die Bewegung planmäßig in seinen Unterricht miteinbeziehen. Nach konzentrierter Arbeit in anderen Fachdisziplinen sollte er sogenannte „Bewegungspausen“ einlegen (z. B.: Die Kinder singen ein Lied und gehen hierzu im Takt bei geöffneten Fenstern in der Klasse herum, bei Platzmangel können sie auch auf der Stelle gehen und dazu klatschen). Dies kann zur Ermunterung und Auflockerung beitragen und die Kinder im Anschluß daran zu größerer Konzentration im folgenden Unterricht befähigen. Als durchaus unpädagogisch müßte das Verhalten des Erziehers angesehen werden, wenn er durch autoritäre Anweisungen ein Stillsitzen oder eine intensive Mitarbeit der Kinder erzwänge.

Bei Bewegungsübungen, Bewegungsspielen und Tänzen kann der Erzieher durch bestimmte Aufforderungen gezielte Denkanstöße an die Kinder weitergeben, ohne daß er dabei allzu sehr in den Vordergrund tritt. Er sollte den Kindern vielmehr weitgehend die Freiheit lassen, sich zunächst allein mit einer gestellten Aufgabe auseinanderzusetzen und nur dann helfend eingreifen, wenn er es für notwendig hält.

4.3 Zur motorischen Situation des 10. bis 13. Lebensjahres

Diese Altersstufe stellt in der motorischen Entwicklung einen Höhepunkt dar. Bei den meisten Kindern wird sich in zunehmendem Maße eine bewußte Lenkung, Beherrschung und Sicherheit der Bewegungen feststellen lassen, wenn sie in den beiden vorhergehenden Altersstufen einen planmäßigen Bewegungsunterricht erteilt bekommen haben. In ihren Bewegungen zeigt sich größere Geschicklichkeit und Schnelligkeit, auch in Kraft und Ausdauer läßt sich eine qualitative und quantitative Steigerung feststellen. Das schnelle Auffassen, Begreifen und Behalten neuer Bewegungs- und Tanzformen ist besonders charakteristisch für diese Altersstufe.

Die Kinder fassen die Bewegung als Ganzheit auf, sie wollen diese ohne große theoretischen Erklärungen von Seiten des Erziehers erarbeiten. Sein Vorbild spielt dabei eine entscheidende Rolle; denn die Kinder wollen durch einen kompetenten Fachmann angeleitet werden. Ausführliche Anweisungen sind im allgemeinen nicht notwendig und sollten daher vermieden werden.

5. Organisatorische Voraussetzungen

Zunächst sollten Überlegungen angestellt werden, welche organisatorischen Voraussetzungen für eine effektive Bewegungs- und Tanzerziehung vorliegen müßten. In Kindergärten und Schulen können räumliche und zeitliche Schwierigkeiten auftreten, oft sind diese sogar personeller Art. Eine Patentlösung für alle möglichen Fälle kann nicht gegeben werden, doch sollen in diesem Abschnitt einige Vorschläge zur Überwindung auftretender Probleme erörtert werden.

5.1 Der Erzieher

In Bewegung und Tanz sollte der Erzieher seinen Schülern ein gutes Vorbild sein. Jede Art von Methodik hängt von ihm ab und wird durch ihn geprägt. Er sollte daher alle Bewegungen und Tänze gut vormachen und erklären können, um seine Schüler hierfür besser zu motivieren. Guter Kontakt zu Kindern bzw. zur Gruppe ist natürlich auch hier die ideale Voraussetzung für seine bewegungserzieherische Tätigkeit.

Es wäre ratsam, wenn der Erzieher über ein größeres Repertoire an Bewegungsübungen, -spielen und Tänzen verfügt, das er sich durch die aktive Teilnahme bei entsprechenden Fortbildungslehrgängen immer wieder von Zeit und Zeit erwerben sollte (Auskünfte über Rhythmik- und Tanzlehrgänge erteilen: 1. Bundesverband Rhythmische Erziehung e. V., Postfach 10 10 03, 5630 Remscheid, 2. Bildungswerk Rhythmik e. V., Ubierring 35, 5000 Köln 1 und 3. Geschäftsstelle des Arbeitskreises für Tanz im Bundesgebiet, Tempelhofer Damm 62, 1000 Berlin 42).

In der Anwendung von Methoden sollte er variabel und flexibel sein, um in kein starres Schema zu geraten, bzw. zu verfallen. Auch sollte er die Fähigkeit besitzen, den Schüler zur Eigentätigkeit zu führen und ihn von Erstarrung und Verkrampfung zu lösen. Jede vom Schüler gezeigte Leistung sollte von ihm akzeptiert werden. Dies könnte z. B. durch Gesten, Zurufe und Erklärungen erfolgen.

Bei der Auswahl von Bewegungsübungen, -spielen und Tänzen sollte der Erzieher auf die Entwicklungsstufen der ihm Anvertrauten Rücksicht nehmen. Während seiner Arbeit sollte er eine ruhige und entspannte Atmosphäre ausstrahlen. Dies wird sich dann auch auf seine Schüler übertragen. Die Kinder müssen sich, ihrer Altersstufe entsprechend, frei entfalten können. Hierzu sollte der Erzieher die Möglichkeiten schaffen.

Die Übungen sollten abwechslungsreich sein, da sich bekanntlich die Kinder (vor allem Vier- bis Achtjährige) nur kurze Zeit auf eine Aufgabe konzentrieren können. Ermutigende und lobende Worte helfen, die Schwierigkeiten zu überwinden und das Erfolgserlebnis allen Kindern zu vermitteln. Jedoch sollte der Erzieher Fehlformen der Bewegung nach den ersten Versuchen abstellen (z. B. falsche Armbewegung beim Gehen); denn es ist eine bekannte Tatsache, daß Bewegungsfehler, die nicht rechtzeitig genug erkannt und beseitigt wurden, später nur schwer korrigiert werden können. Auf keinen Fall sollte er den Schüler ständig mit Kritik überhäufen, um ihm nicht den Mut an neuem Ausprobieren zu nehmen.

Wenn ein Fachlehrer den Bewegungs- und Tanzunterricht erteilt, so sollte er Kontakt mit dem Klassenlehrer aufnehmen, um sich über die einzelnen Kinder besser zu informieren und Erfahrungen mit ihm auszutauschen. Durch Kenntnis der Familiensituation jedes einzelnen Schülers könnte die Ursache von psychischen und physischen Störungen, von Entwicklungsdefiziten besser erkannt werden. Bewegungsstörungen, die in erster Linie durch soziale und erzieherische Probleme verursacht werden können, sollten dadurch abgebaut werden, daß den Kindern frühzeitig genügend Bewegungsspielraum gegeben wird.

Es sollte eigentlich selbstverständlich sein, daß der Erzieher selbst gerne Bewegungen ausführt und zum Tanz mindestens einen positiven Bezug hat. Steht er voll und ganz hinter seinem Auftrag, so wird es ihm auch umso leichter fallen, andere davon zu überzeugen. Er könnte auch eine Kooperation mit außerschulischen Gruppen anstreben, die aus dem Bereich Bewegung und Tanz entsprechende Angebote für Kinder und Jugendliche machen (vor allem Turn- und Sportvereine, Jugendmusikschulen, Konservatorien, Musikhochschulen, Volkshochschulen, Jugendverbände, Freizeitclubs u. a.).

Der Erzieher sollte sich ständig und mit Nachdruck für die Verbesserung der materiellen und organisatorischen Bedingungen der Bewegungs- und Tanzerziehung in seinem Wirkungsbereich engagieren. Dazu gehört auch die Erweiterung und Ergänzung des Gerätebestandes; denn den Schülern sollte eine Vielzahl möglichst attraktiver und variabler Geräte zur Verfügung stehen.

Da in den meisten Unterrichtsstätten kein Klavier zur Verfügung steht, sollte der Erzieher wenigstens das Spiel auf der Blockflöte oder auf der Gitarre und auf den sogenannten elementaren Instrumenten (Glockenspiel, Xylophon, Metallophon und Schlaginstrumente) beherrschen bzw. sollte er sich autodidaktisch oder auf entsprechenden Lehrgängen mit der Spielweise dieser Instrumente intensiv beschäftigt haben, um sie dann effektiv zur Bewegungsbegleitung einzusetzen.* Dies kann die Schüler motivieren, die Spielweise der genannten Instrumente selbst zu erlernen, um dadurch den Erzieher zu imitieren.

Der Erzieher sollte zunächst selbst die Begleitung der Bewegung übernehmen. In der Primarstufe sollte er die Schüler dazu anleiten, die Bewegungen ihrer Mitschüler auf verschiedenen elementaren Instrumenten, durch Sprechen, Singen und durch Stampfen, Patschen, Klatschen, Schnalzen (die sog. „körpereigenen Instrumente“, bzw. die „Klanggesten“) zu begleiten.

Neben einer guten Vorbereitung und einem genau fixierten Konzept für den Stundenablauf sollte der Erzieher die vorgesehenen Bewegungsübungen, Schrittarten und Tanzformen selbst ausprobiert haben, um evtl. Schwierigkeiten vorher erkennen zu können.

* Lehrgänge dieser Art bieten u. a. an:
1) Arbeitskreis Musik in der Jugend, 3340 Wolfenbüttel
2) Internationaler Arbeitskreis für Musik, Heinrich-Schütz-Allee 33, 3500 Kassel-Wilhelmshöhe
3) Lehrgänge für Orff-Instrumentarium, Postfach 14 43, 5920 Bad Berleburg
4) Fidula-Verlag, 5407 Boppard/Rhein (einmal jährlich in den Sommerferien)

5.2 Die Gruppe

Um jedes Kind individuell fördern zu können, sollte die Gruppenstärke im Bewegungsunterricht beschränkt sein auf:
10-12 Kinder im Kindergarten
20-25 Kinder in der Primar- und Sekundarstufe

Bei behinderten Kindern sollten die angegebenen Richtzahlen noch um etwa ein Drittel reduziert werden.

In den meisten Fällen haben jedoch die Erzieherinnen im Kindergarten 25 Kinder in einer Gruppe zu betreuen. Hier sollte unbedingt eine Teilung vorgenommen werden, indem die Kollegin gebeten wird, die Hälfte der Gruppe zu übernehmen.

Bei größeren Schulklassen sollte der Bewegungsunterricht in die erste oder die letzte Stunde gelegt werden, somit könnte turnusgemäß gewechselt und die Gruppe dadurch kleiner gehalten werden. Auch könnten unter Umständen Arbeitsgemeinschaften an Nachmittagen hierfür eingerichtet werden.

Der Erzieher sollte sich über die Gruppe, die er übernimmt, vorher genau informieren, um sich ein möglichst umfassendes Bild machen zu können. Durch persönliche Gespräche mit einzelnen vor und nach dem Unterricht können diese Informationen noch weiter intensiviert werden.

Zur Übungsstunde sollten die Kinder Turnkleidung anziehen, damit sie sich freier und ungezwungener bewegen können. Flache Schuhabsätze, Turnschuhe oder Gymnastikschuhe sind zu empfehlen, damit ein guter Kontakt zum Fußboden hergestellt werden kann. Holzschuhe (sog. Klumpen oder Klompen) sind auf jeden Fall abzulehnen wegen der Verletzungsgefahr. Ebenso sollte der Unterricht auch in Räumen stattfinden, die nicht mit Teppichboden ausgelegt sind.

Im **Kindergarten** und in den **beiden ersten Klassen der Primarstufe** sollte die Zeit für diesen Unterricht auf **20-25 Minuten täglich** angesetzt werden. Ab dem 3. Schuljahr sollte der Unterricht auf eine Stunde (= 45 Minuten) ausgedehnt werden, 2 Stunden wöchentlich in Verbindung mit Musik- und Sportunterricht werden als optimal angesehen.

5.3 Der Raum

Der Übungsraum sollte für eine Gruppe von 10-12 Kindern mindestens eine Flächengröße von 50-60 m^2 haben, denn in einem kleineren Raum würden sich die Kinder allzu sehr eingeengt fühlen. Auch sollte dieser Raum hell, freundlich, gut temperiert (+ 18°C), ausreichend belüftet und vor allem gegen Störungen jeder Art abgeschirmt sein, damit die Kinder nicht abgelenkt werden können. Aus diesem Grund sollte ferner auf zu viele und zu auffallende Dekorationen und Wandbemalungen verzichtet werden. Der Fußboden des Raumes sollte am besten aus splitterfreiem Holz oder aus einem Linoleum- bzw. Kunststoff-Belag bestehen. Weniger geeignet ist ein Raum mit einem Teppichboden, der das Geräusch der auf ihn tretenden Füße vollkommen absorbiert. Eine Kombination von Hör- und Bewegungsübungen wäre in solch einem Raum nur bedingt durchführbar.

Wenn es irgend geht, sollte nur in geschlossenen Räumen geübt werden, schon der Musik wegen, die im Freien nicht so gut zu hören ist. Außerdem werden die Kinder im Freien allzu leicht von Umweltgeräuschen abgelenkt, so daß sie sich nicht mehr auf die eigentliche Arbeit konzentrieren können. Die Größe des Raumes kann eine Rolle bei der Auswahl von Bewegungsübungen und Tänzen spielen. Einen zu großen Raum (z. B. eine Turnhalle) sollte der Erzieher vor Unterrichtsbeginn notfalls durch einige Stühle, Hocker oder ein Seil abgrenzen, damit sich die Kinder darin nicht „verlieren" und dadurch keinen Kontakt zueinander finden.

Es soll auch Erzieher geben, die zu bequem sind, einen Klassenraum für diesen Unterricht ausräumen zu lassen. Doch sollte dies kein Hinderungsgrund sein, denn in meiner Berufspraxis habe ich es oft erlebt, wie Schüler, die gerne tanzen wollten, ihren Klassenraum freiwillig in der Pause davor aus- und nach der Stunde wieder eingeräumt haben.

In kleineren Räumen sollte der Erzieher auf besonders gute Durchlüftung achten. Im Winter kann die Heizung zurückgedreht werden, denn Bewegung erwärmt den Körper schnell. Zum Ausruhen sollte für jedes Kind an einer Längswand des Raumes ein Stuhl oder ein Hocker zur Verfügung stehen, es genügt evtl. auch eine große Matte aus dickem Schaumstoff oder eine lange Turnbank.

Sehr gut geeignet sind Turnsaal, Gymnastikraum, Mehrzweckraum oder große Pausenhalle. Bei geplanten Neubauten sollte der Erzieher, der den Bewegungs- und Tanzunterricht erteilt, zur Beratung des Architekten mit herangezogen werden, um geeignete Vorschläge für optimale räumliche Voraussetzungen anbringen zu können. Im Idealfall sollte ein Raum mit Holzschwingboden zur Verfügung stehen, der für Bewegung und Tanz die besten Voraussetzungen bietet. Ein Raum mit einem Stein- oder Betonfußboden sollte nur ausnahmsweise als einmaliger Notbehelf benutzt werden, denn der harte Untergrund kann Schädigungen für Füße und Wirbelsäule zur Folge haben.

Die räumliche Ordnung sollte dem unterrichtlichen Vorhaben des Erziehers adäquat sein. Es folgen hier einige Vorschläge zur Raumaufteilung vor dem Beginn des Unterrichts:

1. Kinder sitzen auf Stühlen oder Hockern, die an einer Längswand des Raumes in einer Reihe vorher aufgestellt worden sind.

2. Kinder sitzen im Hocksitz in Reifen, die vorher im Raum gleichmäßig auf dem Boden verteilt worden sind.

3. Kinder stehen in sog. „Malen" bzw. „Häusern", die vorher vom Erzieher auf dem Boden aufgezeichnet worden sind.

Bei rhythmischen Übungen kann dadurch eine räumliche Ordnung, zumal bei Anfängern, angestrebt werden, d. h. nach Vollendung einer Übung kehren die Kinder immer wieder zu ihrem Ausgangsplatz zurück und haben somit einen genauen fixierten Platz innerhalb des Raumes.

Zu idealen räumlichen Voraussetzungen würde noch eine **Spiegel-Wand** (die in Ballett- und Tanzschulen schon lange angewandt wird) gehören, die zur Beobachtung und Verbesserung der Bewegung jedes einzelnen dient. Auch könnte hierzu ein **Video-Recorder** eingesetzt werden, um damit Aufzeichnungen und bildliche Wiedergaben von Bewegungen anzufertigen, die die Kinder zur Selbstkritik anregen können. Ferner wäre **eine lange Tafel** an einer Längswand des Raumes wünschenswert. Hieran könnten alle Kinder stehen um die Bewegungsformen in großformatiger, grafischer Notierung vor bzw. nach der Bewegungsausführung zur Darstellung bringen. Einige Schulmöbel-Firmen bieten auch sog. **grüne Tafel-Folien** an, die anstelle der Tafel an einer Längswand des Raumes befestigt werden könnten. Dabei sollte man beachten, die Tafel bzw. Tafel-Folie in der Höhe anzubringen, die von davorstehenden Kindern noch bequem erreicht werden kann, damit sie daran zeichnen können. Sollte im Raum keine Tafel vorhanden sein, können auch Papierrollen oder die Rückseite von alten Tapeten hierzu verwandt werden, indem diese auf dem Boden des Raumes liegen und die Kinder mit Wachsmalstiften darauf zeichnen.

5.4 Die Geräte und Instrumente

Außerhalb des Kindergartens und der Schule hat besonders das Großstadtkind wenig Möglichkeiten, sich frei und ungestört zu bewegen. Es fehlt dazu meistens der dafür notwendige Platz. Bei spontanem Tun gehen die Impulse meistens vom Material aus. Kinder können durch Geräte zur forschenden Aktivität motiviert werden. In einer Stunde sollten anfangs wenige Geräte und Instrumente eingesetzt werden, damit die Kinder nicht die Übersicht verlieren. Deshalb besteht die Hauptaufgabe des Erziehers in der Bereitstellung geeigneter Geräte und Instrumente die die Bewegung fördern und anregen können. Diese können zur intensiveren Begriffsbildung beitragen. Geräte und Instrumente können eine Hilfe dafür sein, den Unterricht zu beleben und ihm die notwendigen Anregungen zu geben, damit durch verschiedene Formen, Materialien und Eigenschaften die Phantasie der Kinder angeregt und die Kreativität dadurch gefördert wird, z. B. wird ein Kind durch den rollenden Reifen angeregt, eine Bewegung auszuführen. Zahlreiche Spiel- und Verwendungsmöglichkeiten bieten sich in der Einzel-, Partner- und Gruppenarbeit an. Nur sollte der Erzieher so flexibel sein, daß sich die Ideen der Kinder frei entwickeln können; denn das Eigenschöpferische sollte beim Umgang mit Geräten und Instrumenten neben der Imitation im Vordergrund stehen. Daher sollte er bei der Einführung einzelner Geräte und Instrumente die Kinder selbst ausprobieren lassen, was sie damit alles machen können.

Es folgen hier einige Vorschläge zur Ausstattung mit Geräten und Instrumenten:

5.4.1 Geräte als Grundausstattung

Gymnastik-Reifen – 60-80 cm Durchmesser, bunt angemalt (pro Kind)
Luftballons – mit Atemluft aufblasbar (mindestens: 5 Stück pro Kind)
japanische Papierbälle – mit Atemluft aufblasbar (mindestens: 2 Stück pro Kind)
Gänsefederdaunen – mit Atemluft in die Höhe blasen und wieder auffangen (mindestens: 2 Stück pro Kind)
Gymnastik-Ball – aus Gummi, ca. 20 cm Durchmesser (pro Kind)
Holz-Kugel – farbig, 9 cm Durchmesser (pro Kind)

Seil – geflochten, 2 1/2-3 m lang, 6 mm Durchmesser (pro Kind)
Bleiband – Gardinenschnur, 1 m lang (pro Kind)
Band – bunt, aus Leinen, 2-3 cm breit, 50 cm lang (pro Kind)
farbige Tücher – aus Seide oder aus Perlon in den Grundfarben: rot, gelb, grün, blau; 80 x 80 cm
Vierkantholz – 25 cm lang (pro Kind)
Leinen-Säckchen – gefüllt mit Linsen, Erbsen, Bohnen, kleinen Knöpfen etc. (pro Kind)
Rasselbüchse – Plastik-Seifendose oder Blechdose gefüllt mit Linsen, Reis, Erbsen, Bohnen, Sand, Perlen, Obstkernen etc. (pro Kind)
Augenbinde – schwarz, mit Gummiband zum Umhängen (pro Kind)

Ferner werden benötigt:
farbige Tafel-Kreide, weiche Bleistifte, farbige Wachsmalstifte und Finger-Farben, um grafische Darstellungen an der Tafel oder auf Tapetenresten am Boden durchzuführen. Für die Musik-, Bewegungs- und Tanzerziehung sind ein gutes Schallplattengerät mit 2 Lautsprechern und ein solides Tonbandgerät unbedingt notwendig.

Die Kinder sollten Gymnastikschuhe (besser als Turnschuhe) anziehen, da diese den Kontakt zum Fußboden fördern helfen und dadurch eine besser Beziehung zum Untergrund herstellen.

5.4.2 Instrumente als Grundausstattung

1 Handtrommel – 32 cm Durchmesser
1 Schellentrommel – 32 cm Durchmesser
1 Pauke – 32 cm Durchmesser
1 großes Becken – 30 cm Durchmesser (oder ein Gong)
1 Paar Hand-Kastagnetten
2 Schellenbänder
1 Paar Cymbeln (kleine Becken) – 15 cm Durchmesser
1 Holzblocktrommel
1 Röhrenholztrommel
1 Triangel – 15 cm Durchmesser
1 Alt-Glockenspiel – Firma: sonor oder studio 49
1 Alt-Xylophon – Firma: sonor oder studio 49 oder: einzelne „Klingende Stäbe" (Firma sonor)
2 Großbaß „Klingende Stäbe": f und c' – Firma: s. oben

6. Didaktisch-methodische Hinweise

Die menschliche Bewegung ist das beste Kommunikationsmittel zwischen Mensch und Umwelt, noch umfassender als die Sprache. Dabei hat die Musik eine starke impulsgebende Wirkung, die wir bei der Bewegung und beim Tanz bewußt miteinsetzen. Durch die Bewegung können die Kinder Erfahrungen sammeln, die sie dazu befähigen können, in neuen Situationen mit Phantasie zu reagieren.

Auch können musikalische Strukturen mit Hilfe der Bewegung besser bewußt gemacht und veranschaulicht werden. Die Sinnestätigkeiten: Hören, Sehen und Tasten können dabei mitherangezogen werden. Durch Musik und Bewegung kann das Kind angeregt werden, seine eigene Initiative zu entfalten. Deshalb kann die Musikerziehung auf die Integration der Rhythmik, jedoch ohne ideologische Verbrämung, nicht verzichten.

Kommunikatives und kreatives Verhalten der Kinder hängt vor allem von den Anregungen des Erziehers ab. Durch die Art seiner Methode, seiner Persönlichkeit und seiner Aufgabenstellung bietet er die nötigen Impulse für die spontanen Aktionen der Kinder. Daher hat er die Planung sowohl der Einzelstunde als auch eines größeren Unterrichtsabschnittes flexibel anzulegen, da der Verlauf von den sogenannten Einfällen der Kinder abhängt und beeinflußt wird. Schließlich sollte er dabei beachten, daß Sozialkontakte verschiedener Intensität relevant sind für den Kommunikationsprozeß.

Im Gegensatz zu früheren Auffassungen vertritt man in der Gegenwart die Ansicht, daß jeder Mensch kreative Fähigkeiten besitzt. Deshalb ist es für den Erzieher wichtig, daß diese von ihm entdeckt und weiter gefördert werden. Leistungszwang, Stoffdruck und autoritäres Verhalten des Erziehers können jedoch jede Kreativität im Keime ersticken. Auch negative und abwertende Beurteilungen von Lösungsvorschlägen sollte der Erzieher vermeiden, denn Kreativität kann nur durch Spontaneität, Flexibilität und Phantasie gefördert werden. Dadurch wird das Kind motiviert, eigene Bewegungserfahrungen zu machen, die dann zur Stärkung des eigenen Selbstbewußtseins führen.

Vor allem sollten alle angebotenen Bewegungsübungen, -spiele und Tänze für die Kinder so attraktiv und abwechselungsreich sein, daß sie freudig und frei von Hemmungen daran teilnehmen. Die beiden musikalischen Phänomene, Rhythmus und Melodie, können den nötigen Bewegungsanreiz bieten. Variantenreiche Übungen im Gehen, Laufen, Hüpfen etc., die vom Erzieher mit einer Handtrommel oder anderen Instrumenten begleitet werden, können die Leistung steigern und die rhythmische Gestaltung intensivieren. Kinder können oft bei Musik nicht stillsitzen und beginnen spontan danach zu klatschen oder zu tanzen. Dies könnte bei motorisch gehemmten Kindern bewegungsfördernd sein. Es ist eine bekannte Tatsache, daß Kinder die stark rhythmisch geprägte Musik bevorzugen, weil sie davon ganz unmittelbar angesprochen werden. Für dieses rhythmische Moment sollte der Erzieher großes Interesse aufbringen, denn diese Musik kann die Leistungsbereitschaft steigern helfen.

Sollte der Erzieher kein Melodie- oder Harmonieinstrument selbst spielen, könnte er als letzte Möglichkeit Musik von Schallplatten, Cassetten und Tonbändern einsetzen. Dieses sollte jedoch nur als Notlösung angesehen werden. Auch könnten Kinder und Jugendliche zu den rhythmischen Übungen ihre eigene Musik auf elementaren oder selbst angefertigten Instrumenten ausführen. Diese Musik sollte jedoch zu den verschiedenen Bewegungsformen passen, d. h. sie muß hierzu synchron verlaufen und bedarf daher besonderer Übung.

Freie und gebundene Bewegungen und Tänze enthalten unzählige Anregungen für soziale Beziehungen. Bei der Auswahl von Bewegungsübungen, -spielen und Tänzen sollte der Erzieher das Alter der Kinder berücksichtigen. Gebundene Bewegungsformen in einigen bestimmten folkloristischen Tänzen können im 3. und 4. Schuljahr der Primarstufe die Voraussetzung schaffen, an eigene selbständige Gestaltungen heranzugehen.

Die Bewegung und der Tanz sind geeignet, im Kind selbst Lernprozesse in Gang zu setzen, sie können daher ein wichtiges Medium der Erziehung sein.

7. Lernziele im sozialen, kommunikativen und motorischen Bereich

7.1 Lernziele im sozialen Bereich

- Fähigkeit zur Eingliederung in die Gruppe, zur Selbstbehauptung und zur Kooperation
- Fähigkeit, sich in die Rolle des anderen zu versetzen
- Fähigkeit zum toleranten Verhalten: Meinungen und Vorschläge Andersdenkender respektieren
- Mitgefühl und Rücksichtnahme
- Konkurrenzgefühl abbauen

7.2 Lernziele im kommunikativen Bereich

- Fähigkeit zum Zuhören
- Darstellung und Begründung eigener Vorschläge
- Argumente und Beschlüsse diskutieren, beraten und abstimmen
- Fähigkeit, die Körperbewegung als Ausdrucksmittel einzusetzen
- Fähigkeit, Gestik und Mimik anzuwenden und zu verstehen
- Fähigkeit zum kommunikativen Verhalten innerhalb der Gruppe

7.3 Lernziele im motorischen Bereich

- Fähigkeit, die Ausdrucksmöglichkeiten des eigenen Körpers kennenzulernen
- Fähigkeit zur freien Auseinandersetzung mit Räumen, Flächen, Formen und Geräten
- Fähigkeit zur Bewegungskoordination beim **Gehen, Laufen, Hüpfen, Springen und Schwingen**
- Fähigkeit zur Veränderung und Erfindung von eigenen Bewegungsformen
- Kritische Überprüfung, Abänderung und evtl. Verwerfung von aufgestellten Ordnungen
- Produzieren von eigenen Ideen und Handlungen im Bewegungsausdruck

8. Exemplarische Vorschläge für die Unterrichtspraxis im Elementar- und Primarstufenbereich

Die wichtigsten Voraussetzungen für eine effektive Bewegungs- und Tanzerziehung im Elementar- und Primarstufenbereich bestehen darin, daß die natürliche Bewegungsaktivität des Kindes geweckt, gefördert und nicht unterdrückt wird. Neben Übungen mit den sogenannten **Grundbewegungsarten** sollten **Bewegungsspiele, Tanzspiele (Spiellieder)** und **einfache Kindertänze** in den Unterricht einbezogen werden. Dadurch sollen den Kindern verschiedene Möglichkeiten geboten werden, eigene Bewegungserfahrungen zu machen. Es wird dabei vorkommen, daß 4- und 5jährige Kinder ihre Bewegungen noch nicht genau nach dem Takt eines Liedes oder Tanzes ausführen können. Diese Fähigkeit zur Übernahme eines fremden Rhythmus in die Eigenbewegung ist noch nicht voll bei allen Kindern entwickelt. Im allgemeinen sind Kinder mit 6 oder 7 Jahren erst so weit, daß an sie herangetragene metrische Bewegungsformen ohne Schwierigkeit übernommen werden können. Doch gibt es auch ausgesprochen arhythmische Kinder, deren Rhythmusgefühl äußerst schwach entwickelt ist. Sie fallen meistens durch ihre Ungeschicklichkeit in der Gruppe der übrigen Kinder auf, und sie fühlen sich selbst nicht wohl dabei. Der Erzieher sollte sie ihre „Behinderung" möglichst wenig spüren lassen, er sollte ihnen vor allem Zeit lassen, sich zu entwickeln. Auch könnte er diese Kinder individuell fördern, indem er seine Bewegungsbegleitung mit Instrument oder Stimme zunächst auf den Bewegungsrhythmus der einzelnen Kinder abstimmt, hier anzuknüpfen und weiter zu fördern versucht. Er darf dabei seine Geduld nicht verlieren, denn dies kann durchaus ein langwieriger Vorgang sein. Schüchternen, zurückhaltenden und ängstlichen Kindern sollte er Mut machen, um ihnen dadurch mehr Selbstvertrauen und eine gewisse Sicherheit zu geben.

Ausgehend von einfachen Bewegungs- und Kreisspielen in der jüngeren Altersgruppe bis hin zu den bewegungsmäßig schon recht anspruchsvollen Kinder- und Folkloretänzen in der älteren Altersgruppe können dabei traditionelle Formen erhalten sowie neue Bewegungsspiele und Tänze entwickelt und gefördert werden.

Kinder der Elementar- und Primarstufe lernen das Tanzen noch in spielerischer Form. Langatmige Erklärungen zu den verschiedenen Bewegungs- und Tanzformen sollte der Erzieher bzw. der Lehrer daher vermeiden. Schlaginstrumente (z. B. Handtrommel, Klangstäbe, Holzblocktrommel, Triangel etc.) können zur Begleitung des Gesanges bzw. der Bewegung herangezogen werden. Sollten keine Instrumente vorhanden sein, können auch die sogenannten „körpereigenen Instrumente" bzw. Klanggesten (Stampfen, Patschen, Klatschen und Schnalzen oder Schnicken) eingesetzt werden.

Wenn die Melodie und der Text von allen Kindern beherrscht werden, kann das Tanzspiel oder der Kindertanz von einer Kindergruppe gesungen und auf Instrumenten gespielt und von einer anderen Gruppe in Bewegung umgesetzt werden. Hier bietet sich auch ein Wechsel der beiden Gruppen an. Bei langsamen, geschrittenen Tanzspielen oder Kindertänzen kann man die Melodien von den tanzenden Kindern auch dazu singen lassen, denn bei schnellerem Tempo geht ihnen oft der Atem aus. In diesem Fall könnte man zwei Gruppen bilden lassen. Die eine Gruppe bewegt sich bzw. tanzt, und die andere Gruppe singt dazu. Nach einiger Zeit läßt man wechseln.

Kinder, die schon etwas geübter sind, sollten selbst Vorschläge zur Ausführung und evtl. Abänderung des Tanzspieles oder Tanzes machen dürfen, z. B. könnte eine etwas schwierige Schrittkombination durch eine einfache ersetzt werden. Der Erzieher bzw. der Lehrer sollte öfters Ideen der Kinder aufgreifen, um sie zur eigenen Gestaltung von Bewegungs- und Tanzformen zu motivieren.

Die Aufteilung der Bewegungsspiele, der Tanzspiele (Spiellieder) und Kindertänze in verschiedene Altersstufen darf nicht als starres Schema angesehen werden. Jede Kindergruppe ist verschieden in der Aufnahmebereitschaft und in der geistigen und körperlichen Entwicklung. Deshalb können die Stufen: E = Elementarbereich (4- bis 7jährige Kinder) und P = Primarstufenbereich (8- bis 10jährige Kinder) nur als ungefähre Anhaltspunkte angesehen werden.

Zu Beginn der praktischen Arbeit werden **Bewegungsspiele** und Übungen mit den sogenannten **Grundbewegungsarten** vorgeschlagen, damit die Kinder angeleitet werden, diese in vielen Variationen, einzeln und in Gruppen, nach Klopf-, Sprech- und Klatschrhythmen oder nach Musik mit elementaren Instrumenten auszuführen. Sie sollten auch deshalb am Anfang stehen, da sie bei **Tanzspielen (Spielliedern)** und **Kindertänzen** am häufigsten vorkommen.

Über das Bewegungsspiel und das Tanzspiel (Spiellied) werden kleinere Kinder (4- bis 5jährige) in die Musik eingeführt und nach und nach mit ihr vertraut gemacht. Dadurch bekommen sie ein Gefühl für die Elemente der Musik: Melodie, Rhythmus, Takt, Metrum, Dynamik, Tempo, Ton.

Bei allen theoretischen Überlegungen sollte der Lehrer und Erzieher nicht die Hauptsache außer acht lassen: **Das Bewegen und Tanzen soll den Kindern Spaß machen!**

JOHANN HEINRICH PESTALOZZI 1746 - 1827

Alles Lernen ist keinen Heller wert, wenn Mut und Freude dabei verlorengehen !

9. Bewegungsspiele (B) für 4- bis 7-jährige Kinder

Grundbewegungsart: Gehen

B 1
Freies Gehen im Raum:

Kinder werden durch den Erzieher aufgefordert, so durch den Raum zu gehen, wie sie Lust haben. Einzelne Ideen greift er auf und läßt sie von allen Kindern nachmachen. Der Erzieher beobachtet, ob alle Kinder schon zu einem gemeinsamen Tempo kommen, evtl. bei einzelnen Kindern Hilfen geben. Auch sollte er darauf achten, daß sich die Kinder in der Gruppe so bewegen, daß kein Kind dabei angestoßen oder in anderer Weise behindert wird (Hinweis auf Rücksichtnahme im Straßenverkehr).

B 2
Gehen nach Vorstellungshilfen:

Wir ahmen Tiere nach.
Wir trampeln wie ein Elefant.
Wir schleichen wie eine Katze.
Wir stelzen wie ein Storch.
Wir traben wie die Pferde.
Wir fliegen wie die Vögel . . . etc.

B 3
Schnelles und langsames Gehen:

Dieses im Wechsel oder auch in zwei Gruppen ausführen lassen, evtl. als Reaktionsübung. Vorstellungshilfe: für schnell = Schnellzug, für langsam = Schnecke

Variation: Gehen auf ein akustisches Signal hin, z. B. schnelle Trommelschläge kurz nacheinander für schnell und ein Triangelschlag für langsam etc.

B 4
Lautes und leises Gehen:

Die Kinder führen das laute Stampfen und das leise Gehen im Wechsel aus.
(evtl. Vorstellungshilfe für Stampfen = Elefant, für leises Gehen = Katze).

B 5
Große und kleine Schritte:

Große und kleine Schritte werden im Wechsel ausgeführt.
(Vorstellungshilfe: „groß“ = große Schritte der Mutter, „klein“ = kleine Schritte eines Kindes)

B 6
Bewegungsbegleitung mit Instrumenten:

Die Kinder gehen im Raum umher und begleiten ihre Bewegung durch das Schütteln von Rasselbüchsen oder durch das Zusammenschlagen von Klangstäben.

B 7
Übergang vom langsamen zum schnellen Gehen:

Als Vorstellungshilfen bieten sich an: Abfahrt eines Autos, einer Straßenbahn, eines Zuges, eines Flugzeugs etc.

B 8
Imitation von Tierbewegungen:

Die Kinder versuchen, einige Tiere in ihrer Bewegung nachzuahmen, z. B. wir gehen auf Händen und Füßen wie ein vierfüßiges Tier (Bär, Tiger, Löwe, Elefant etc.), oder wir gehen langsam in der Hocke in kleinen Schritten vorwärts (Watscheln wie Enten oder Gänse).

Variation: Die Kinder versuchen, noch andere Tiere in ihrer Bewegung zu imitieren, z. B. Pferd, Hund, Katze, Hase, Reh, Fuchs, Elefant, Pinguin, Frosch, Vogel, Storch etc.)

B 9
Reagieren auf die Farben rot und grün:

Die Kinder machen ein Verkehrsspiel. Ein Kind in der Mitte des Raumes hält abwechselnd ein grünes und ein rotes Tuch hoch und regelt damit den „Verkehr“.

B 10
Darstellen von laut und leise, hoch und tief:

Bei lautem Trommeln gehen die Kinder mit hochgestreckten Armen wie ein Riese, bei leisem Trommeln ducken sie sich und gehen wie ein Zwerg. Die gleiche Bewegung läßt sich auch auf vorgespielte hohe und tiefe Töne anwenden.

B 11
Bewegungsspiel zur Verbesserung der Haltung:

Kinder gehen von der einen zur anderen Seite des Raumes und tragen dabei Pappscheiben, Sand- oder Bohnensäckchen auf dem Kopf, ohne daß diese herunterfallen.

B 12
Bewegungsspiel: Auf der Wiese.

Die Kinder stellen sich vor, daß sie auf einer Wiese sind. Sie gehen auf die „Pusteblumen“ (Samen des Löwenzahns) zu, die gepflückt und deren Samen weggeblasen werden.

Variation: Sofern es die Jahreszeit und das Wetter erlauben, kann dieses Spiel natürlich auch auf einer richtigen Wiese durchgeführt werden.

Grundbewegungsart: Laufen, laufen, laufen, laufen, laufen, laufen

Vorbemerkung: Die für die Grundbewegungsart: „Gehen“ angegebenen Spiele lassen sich auch auf das Laufen übertragen. Nur die Bewegungsspiele B 4, B 8, B 10, B 11 und B 12 bilden auf Grund ihrer Thematik eine Ausnahme.

B 13
Freies Laufen im Raum:

Die Kinder dürfen im Raum frei herumlaufen. Dabei sollen sie Zusammenstöße mit anderen Kindern möglichst vermeiden. Der Erzieher erklärt, daß der Raum mit allen geteilt werden muß.

B 14
Das Pferdchen-Spiel:

Ein Kind ist das „Pferd“ und bekommt an seinen Oberarmen je ein Seilende angebunden. Der „Kutscher“ (ein anderes Kind) faßt das Seil in der Mitte und lenkt das „Pferd“ durch leichtes Ziehen am Seil. Nach einiger Zeit tauschen die beiden Kinder ihre Rollen.

1. Variation: Zwei Pferde werden eingespannt, d. h. zwei Kinder fassen sich an. Sie werden nun vom „Kutscher“ gelenkt. Die Rollen sollten auf Veranlassung des Erziehers hin und wieder getauscht werden.

2. Variation: Eine Gruppe stellt den „Pferdestall“ dar (durchgefaßter Kreis), eine weitere Gruppe von Kindern macht die „Pferde“ nach. Sie laufen um ihren Stall herum, und auf ein bestimmtes Signal (visuell oder akustisch) kehren sie zu ihm zurück. Nach einiger Zeit einen Wechsel der Gruppen vornehmen!

B 15
Das Spiel von den Schmetterlingen oder Bienen:

Nachahmung von Schmetterlingen oder Bienen, die von Blume zu Blume fliegen. Die Kinder stehen verteilt im Raum. Eine Gruppe spielt die „Blumen“ und die andere Gruppe die „Schmetterlinge“ oder die „Bienen“. Die „Schmetterlinge“ oder die „Bienen“ fliegen (laufen) umher und stellen sich nach einiger Zeit vor ein anderes Kind, das sie jetzt ablöst. Die „Biene“ summt beim Fliegen, so lange der Atem reicht. Wenn sie nicht mehr summen kann, stellt sie sich vor ein anderes Kind („Blume“), das sie dann ablöst.

B 16
Kombination von Gehen und Laufen:

Die Kinder reagieren auf verschiedene Tempi, die der Erzieher auf der Handtrommel oder auf einem anderen Schlaginstrument angibt.

Variation: 2 Gruppen werden gebildet. Das eine ist die Geh- und das andere die Laufgruppe. Der Erzieher gibt auf der Trommel das entsprechende Tempo zum Gehen und zum Laufen an, und die beiden Gruppen reagieren darauf. Sie wechseln auf ein Zeichen hin ihre Rollen.

Grundbewegungsart: Hüpfen, hüpfen, hüpfen

B 17
Rhythmisches Hüpfen auf der Stelle:

Hampelmann-Spiel. In die Grätsche springen und wieder zurück.

B 18
Mitzählen, wie oft gehüpft wurde:

Die Kinder stehen im Kreis und haben die Augen geschlossen. Sie sollen nun genau hinhören, wieviel Mal ein Kind, das vorher bestimmt wurde, im Kreis herumgehüpft ist.

Grundbewegungsart: Sich drehen

Vorbemerkung: Drehungen können mit vielen kleinen Schritten in einer Richtung oder auf dem Ballen eines Fußes ausgeführt werden.

B 19
Karussell-Spiel:

Einfache ganze Drehungen am Platz ausführen lassen. Dabei werden die Arme weit zur Seite ausgebreitet.

Variation: Im Kreis durchfassen und das Karussell nachmachen.

B 20
Kreisel-Spiel:

Drehungen auf dem linken und rechten Bein ausführen lassen.

Bewegungsspiele zur Koordination und Kommunikation (ohne Gesang)

Vorbemerkung: Bewegungsspiele verbessern Geschicklichkeit und Koordination, sie steigern die Selbstständigkeit und das kommunikative Verhalten der Kinder. Dabei kann die Körpersprache mit ihrer Mimik, ihren Gesten und Gebärden entsprechend miteinbezogen werden. Die Kinder erfahren auf diese Weise, daß man damit viele Dinge weitaus besser und anschaulicher ausdrücken kann als mit Worten.

B 21
Verkehrsspiel:

Ein Kind ist der Verkehrsschutzmann. Dieser gibt durch seine Gestik an, wann Fußgänger über die Straße gehen bzw. Fahrzeuge fahren dürfen.

Variation: Ein Kind zeigt der Gruppe durch Arm- und Handbewegung an, wann sie gehen bzw. stehen bleiben sollen.

B 22
Das „Ball-Spiel“:

Die Kinder probieren aus, was sie alles mit dem Ball (Gymnastik-Ball verwenden!) machen können: rollen, werfen, prellen, fangen, „Fußball“ spielen etc. Dieses freie Spiel mit dem Ball kann im Stehen, Sitzen, Liegen, Gehen, Laufen, Hüpfen etc. erfolgen.

1. Variation: Partner-Spiel – 2 Kinder sitzen oder stehen sich gegenüber und spielen mit dem Ball. Beim Fangen sollte der Abstand bei kleineren Kindern nicht zu groß sein, evt. zuerst mit einem Luftballon üben.

2. Variation: Alle Kinder sitzen im Kreis und rollen sich einen Ball zu: mit beiden Händen, mit einer Hand, mit dem Kopf, mit dem Knie, mit dem Ellenbogen, mit dem Finger, mit dem Fuß, mit der Nase etc.

3. Variation: Luftballons oder japanische Papierbälle. Die Kinder probieren aus, was sie alles damit machen können, wie sie fortbewegt werden können.

4. Variation: Spiel mit Gänsefederdaunen einzeln und mit Partner. Die Daunenfeder wird auf die Hand gelegt und durch kräftiges Pusten in die Höhe geblasen, kurz vor Berührung des Bodens wird sie wieder aufgefangen. Gute Vorübung für das Fangen!

B 23
Das „Häuschen-Spiel“:

Vor Unterrichtsbeginn legt der Erzieher auf dem Boden des Raumes gut verteilt so viel **Reifen** aus, wie Kinder in seiner Gruppe sind. Wenn sie dann in den Raum kommen, fordert er sie auf, sich einen Reifen als „Häuschen“ zu nehmen, das nach Aufforderung oder auf ein bestimmtes Zeichen (z. B. 2mal auf die Trommel schlagen) gewechselt werden kann. Der Erzieher läßt die Kinder nach den Schlägen auf seiner Trommel zwischen den Reifen gehen, laufen und hüpfen. Sobald die Trommel aussetzt, sucht jedes Kind wieder sein Häuschen auf (zur besseren Unterscheidung der Reifen können diese mit Plaka-Farben bunt angemalt werden).

Variation: 2-3 Kinder wohnen in einem Haus.

B 24
Das Spiel mit dem Seil:

Jedes Kind bekommt ein Seil und kann damit ausprobieren, welche Formen es damit auf dem Fußboden legen kann.

1. Variation: Das eine Kind hat mit dem Seil eine Form auf dem Boden gelegt, das zweite Kind, das sich blind stellt, tastet das Seil von einem zum anderen Ende ab, um die Form zu erraten, z. B. einen Kreis, eine Spirale (Schnecke), die Zahl 8 etc.

2. Variation: Alle Kinder legen mit ihren Seilen gemeinsam eine Form.

3. Variation: Die Kinder bewegen sich im Raum und ziehen die Seile hinter sich her. Durch schnelles Hin- und Herbewegen sehen sie wie kleine Schlangen aus.

4. Variation: Seil als Hundeleine. Die Kinder bewegen sich frei im Raum und ziehen mit ihrem Seil eine Rasselbüchse hinter sich her.

B 25
Das "Schlangen"-Spiel:

Die Kinder fassen sich an den Händen und bilden eine „Schlange". Ein Kind symbolisiert den Kopf der „Schlange" und führt durch den Raum nach einem vom Erzieher angegebenen Tempo. Wenn die Begleitung aufhört, bleibt die Schlange stehen, und das letzte Kind der Schlange kommt nach vorne und führt an.

Methodischer Hinweis: Es ist zu empfehlen, daß zunächst nur eine kleine Schlange (4-5 Kinder) durch den Raum geht, und die anderen Kinder schauen zu, bis sie an die Reihe kommen.

1. Variation: Schwieriger ist dieses Spiel mit 2, 3, 4 . . . etc. Schlangen. Die jeweiligen Anführer müssen genau abschätzen, wie die Schlangen aneinander vorbeikommen, ohne sich zu behindern.

2. Variation: Eine weitere Möglichkeit wäre, daß nicht der Erzieher das Tempo bzw. die Bewegungsart z. B. Gehen, Hüpfen, Laufen . . . etc. angibt, sondern der jeweilige Anführer.

3. Variation: Eine weitere Steigerung dieses Spieles könnte dadurch erreicht werden, daß die Ablösung des Anführers erst dann geschieht, wann er es möchte.

B 26
Partner-Spiel mit einem Reifen:

2 Kinder tragen gemeinsam einen Reifen durch den Raum. Auf dem Rand des Reifens liegen verschiedende Dinge, z. B. sogenannte „Verschränkstäbchen" (ca. 20 cm lange, 1 cm breite Spanhölzchen in verschiedenen Farben). Diese Stäbchen dürfen nicht herunterfallen.

1. Variation: Bei fortgeschrittenen Kindern kann dieses Spiel auch mit geschlossenen Augen durchgeführt werden.

2. Variation: 2 Kinder tragen gemeinsam ein Verschränkstäbchen auf je einem Finger durch den Raum, ohne daß es auf den Boden fällt.

Methodischer Hinweis: Bei diesen Spielen lernen die Kinder in besonderem Maße sich den Bewegungen des Partners anzupassen und aufeinander Rücksicht zu nehmen. Durch Spiele dieser Art können soziale Verhaltensweisen am besten vermittelt werden.

B 27
Gegenstand raten lassen:

Die Kinder sitzen im Kreis. Die Augen sind dabei geschlossen, und ein den Kindern unbekannter Gegenstand (z. B. Streichholzschachtel, Joghurtbecher o. ä.) wird von einem Kind zum nächsten hinter dem Rücken weitergegeben. Das letzte Kind versteckt den Gegenstand, und die anderen Kinder raten nun, was das für ein Gegenstand gewesen sein könnte.

B 28
Das Zirkus-Spiel:

Die Kinder erzählen, was sie alles im Zirkus gesehen haben. Jeder darf ein Tier, einen Clown, einen Dompteur, eine Seiltänzerin, einen Jongleur etc. in der Bewegung darstellen. Einzelne Kinder machen vor, die anderen raten.
Alle Kinder versuchen nun, wie Tiger und Löwen zu schleichen, wie Elefanten zu trampeln, wie Pferde in der Arena zu traben etc.

10.1 Bewegungsspiele (B) für 8- bis 10jährige Kinder

Grundbewegungsart: Gehen

B 29
Freies Gehen im Raum:

Die Kinder gehen dabei flott und nicht zu langsam. Sie sollen sich dabei nicht berühren. Tempoangabe durch Schlagen der Handtrommel oder nach der Musik einer Schallplatte, z. B.:

FidulaFON 1215 „Tanzspiele für Kinderfeste“ – auch auf Cassette FC 6
FidulaFON 1196 „Tanzkarussell“ – auch auf Cassette FC 2
FidulaFON 1173 „Singtänze“ – auch auf Cassette FC 18
FidulaFON 1194 „Bewegungsmusiken“. – auch auf Cassette FC 2

B 30
Verschiedene Arten des Gehens:

wandern – spazieren – hinken – schlendern – schleifen – schreiten – trippeln – trampeln – taumeln – torkeln – tänzeln – watscheln – schleichen – stampfen – kriechen . . . etc. Die Kinder probieren dies einzeln aus und lassen dann die anderen Kinder raten, was sie gerade darstellen.

B 31
Darstellung verschiedener Eigenschaften:

Gehen, wie jemand, der etwas trägt.
Gehen, wie jemand, der müde ist.
Gehen, wie jemand, der schnell zum Omnibus will.
Gehen, wie jemand, der lustig ist.
Gehen, wie jemand, der betrunken ist.
Gehen, wie jemand, der traurig ist.
Gehen, wie jemand, der etwas sucht.

B 32
Begrüßungs-Spiel:

Die Kinder bewegen sich nach der Trommel im Raum. Wenn diese aufhört, gehen 2 Kinder aufeinander zu und begrüßen sich, so wie sie es wollen. Bekanntlich werden sich die meisten Kinder per Handschlag begrüßen. Der Lehrer kann darauf hinweisen, daß viele Völker noch andere Begrüßungsarten kennen, z. B. umarmen, die Nasen aneinander reiben, einen Kuß geben etc. Kinder noch andere ungewöhnliche Begrüßungsarten erfinden lassen, z. B. mit dem Rücken, mit dem Po, mit dem Ellenbogen etc.

B 33
Instrumente imitieren:

Die Kinder stellen sich in Reihen zu 5 bis 6 auf, gehen im Raum umher und ahmen dabei Instrumente nach. Das 1. Kind läßt sich dann vom 2. Kind in der Führung ablösen, indem es ein anderes Instrument imitiert . . . usw. Das anführende Kind geht nach der Ablösung an das Ende der Reihe.
Als Begleitmusik eignen sich folgende Schallplatten:

FidulaFON 1215 „Tanzspiele für Kinderfeste“, auch auf FF 3060 und Cassette 6
SP 23 206 Colonel Bogey – Kögler
CAL 17 725 Tänze aus Kanada – Calig

B 34
Bewegungen imitieren:

Die Kinder stehen im Kreis und ahmen nach rhythmisch geprägter Musik die Bewegungen nach, die ein Einzelner vormacht.

Folgende Schallplatten sind hierzu geeignet:
FidulaFON 1307 „Estrella" + 1306 „Tip Top Mixer", auch auf der Cassette FC 20
SP 23 203 „Chug- Chug" – Kögler

B 35
Imitieren eines Clowns:

Die Kinder machen ihn nach, indem sie das Gehen auf Fersen (Hacken), Ballen, Fußspitzen (Zehen) und Fußseiten bzw. Fußkanten (X- und O-Beine) miteinander abwechseln.

B 36
Wechsel von Vorwärts-, Rückwärts- und Seitwärtsgehen:

Dieser Wechsel kann auf ein vorher vereinbartes Signal hin erfolgen, auch könnte eine bestimmte Anzahl vorher festgelegt werden (z. B. 8 Schritte vorwärts, 8 Schritte seitwärts und 8 Schritte rückwärts).

B 37
Spiel:
Pony und Ponypferdchen:

Dieses Spiel dient dem Bewußtmachen des Notenwertes von Viertel- und Achtelnoten.

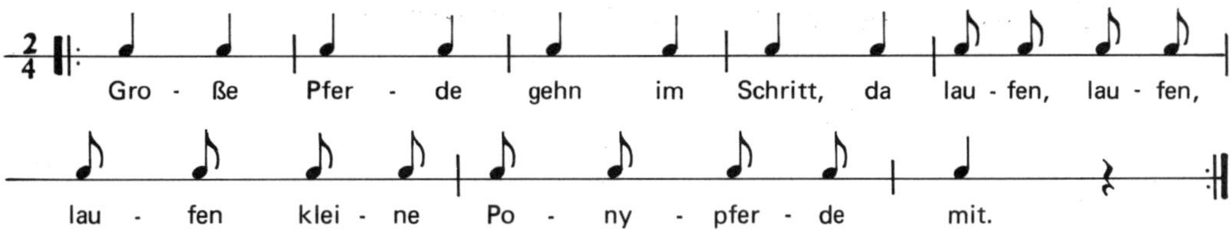

- Text wird durch Vor- und Nachsprechen geübt.
- Den Text sprechen und gleichzeitig den Rhythmus dazu klatschen lassen.
- Bewegungsspiel in 2 Gruppen oder zu Paaren: Die Pferde beginnen zu gehen, dann laufen die Ponypferde; beide Gruppen können auch gleichzeitig einsetzen.
- Dieses Spiel kann mit passenden Schlaginstrumenten begleitet werden, z. B. „Pferde" = Handtrommeln oder Pauken/„Ponypferde" = Klangstäbe, Rasseln oder Kastagnetten.

B 38
Gehen in verschiedenen Gruppierungen:

Die Kinder gehen zu Zweien, zu Dreien, zu Vieren, in einer Reihe, in einer Schlange, in einem Kreis etc.; mit und ohne Handfassung, paarweise eingehängt, in Zweihandfassung, in Kreuzhandfassung, in Torfassung etc. Durch ein vorher ausgemachtes Signal erfolgt der Wechsel in der Führungsposition.

Variation: Reagieren auf Ziffernkärtchen (aus Karton herstellen, Ziffern 1 bis 6). Die Kinder bewegen sich zur **Schallplatte „Bewegungsmusiken" (FidulaFON 1194)** im Raum umher. Auf Hochhalten der Ziffernkärtchen 1 bis 6 wird die entsprechende Anzahl gebildet.

B 39
Ausprobieren verschiedener Bewegungsmöglichkeiten:

Die Kinder gehen nebeneinander, hintereinander, mit und ohne Handfassung im Raum umher; sie bekommen die Aufgabe, einen Gegenstand (großes Tisch- oder Bettuch, großen Ball, Seil, Reifen etc.) gemeinsam zu tragen und dabei möglichst gleichmäßig zu gehen.

B 40
Richtungswechsel:

Kinder gehen verteilt im Raum. Auf ein Zeichen wird die Richtung gewechselt (jeweils eine Viertel-, eine halbe oder eine ganze Drehung). Diese Übung kann von Schlaginstrumenten begleitet werden.

B 41
Bewegungsbegleitung:

Zweiergruppen bilden. Ein Kind bewegt sich mit langsamen und schnellen Gehschritten, das andere Kind begleitet seine Bewegung mit einem Schlaginstrument. Nach einiger Zeit wird gewechselt.

B 42
Bewegungsspiel: Die Reise nach Jerusalem

In der Mitte des Raumes werden Stühle paarweise mit dem Rücken aneinander gestellt. Ein Stuhl wird weniger genommen als die Anzahl der Kinder beträgt. Nun gehen die Kinder nach Gesang oder nach Musik um die Stühle herum. Auf ein Zeichen des Lehrers wird der Gesang oder die Musik unterbrochen, und die Kinder suchen sich nun schnell auf einem Stuhl einen Sitzplatz. Ein Kind bekommt keinen Platz und scheidet aus. Dieses Spiel wird so lange wiederholt, bis nur noch ein Kind übrigbleibt, welches dann ein anderes Spiel vorschlagen kann.

Variation: Das ausscheidende Kind darf sich ein Schlaginstrument auswählen und damit den Gesang oder die Musik begleiten.

B 44
Balancieren auf einem Seil:

Gehen und Balancieren auf einem ausgelegten Seil oder auf einer mit Kreide aufgezeichneten Linie als „Seiltänzer".

B 43
Seitwärtsgehen nach rechts und nach links:

Die Kinder probieren dies selbst aus. Es gibt zwei Möglichkeiten zur Ausführung: den sogenannten Nachtstellschritt und den Kreuzschritt.

B 45
Kombination von Gehen und Sprechen:

Die Kinder gehen und sprechen dazu ein ein- bzw. mehrsilbiges Wort, z. B. Baum, Hund, Maus, Haus; Ku-chen, Tor-te, Au-to, Ta-fel; Ap-fel-baum, Luft-bal-lon, Schild-krö-te, Schmet-ter-ling etc.

Variation: Kinder sprechen einzeln und zusammen ihre Vornamen und klatschen dazu im Sprachrhythmus. Dann versuchen sie, nach den einzelnen Vornamen zu gehen und dazu zu sprechen.

B 46
Gehen und Singen:

Die Kinder gehen verteilt im Raum und singen ein bekanntes Lied. Vorher wird verabredet, daß alle Kinder am Schluß der 1. Strophe im Kreis, in der Reihe, in der Doppelreihe etc. stehen.

B 47
Pantomimen-Spiel:

Die Kinder gehen im Raum verteilt umher und imitieren dabei das Tragen von verschiedenen Gegenständen: Aktentasche, Korb, Eimer, Koffer, Leiter, Kiste, Karton, Tablett mit Weingläsern etc.

Variation: Ein Kind macht es vor, ein anderes Kind ahmt es gleichzeitig nach („Spiegelbild"), und die anderen Kinder raten, welcher Gegenstand getragen wurde.

B 48
Führen und Folgen:

Die Kinder stellen sich paarweise verteilt im Raum auf und geben sich die Hand. Das eine Kind schließt die Augen (es stellt sich blind) und wird jetzt von dem sehenden Kind in langsamen Gehschritten vor-, rück- und seitwärts durch den Raum geführt. Nach einiger Zeit wird gewechselt.

Methodischer Hinweis: Fragen nach dem richtigen Verhalten Blinden gegenüber können sich hier noch anschließen.

B 49
Übertragung von der Feinmotorik in die Grobmotorik:

Bewußtmachen von geraden und gebogenen Linien durch graphische Darstellung mit anschließender Umsetzung in die Grobmotorik:
Die Kinder zeichnen verschiedene Linien oder auch geometrische Formen an die Tafel oder auf die Rückseite von alten Tapeten, z. B.:

Zur besseren Veranschaulichung können diese Zeichnungen auch mit einem Seil bzw. mit langen Stäben von den Kindern auf dem Boden des Raumes nachgelegt werden.
Danach setzen die Kinder die Zeichnung in Bewegung um, z. B. gehen sie ein Quadrat, ein Rechteck, ein Dreieck, eine Zickzack-Linie, eine Spirale (Schnecke) etc.

1. Variation: Verschiedene kleinere Gruppen werden gebildet. In jeder Gruppe übernimmt ein Kind die Führung, die öfter gewechselt werden sollte, damit jedes Kind einmal drankommt.

Zusatz-Information: Diese Linien und geometrischen Formen können auch zuerst in die Bewegung umgesetzt und dann anschließend gezeichnet werden.

2. Variation: Auch Zahlen und große Druckbuchstaben können auf die gleiche Weise dargestellt werden, z. B.:

A B C D . . . 1 2 3 4 . . .

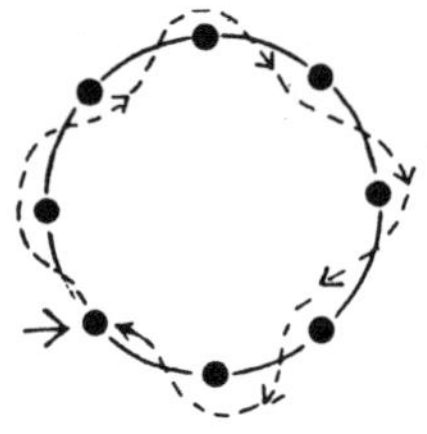

3. Variation: Die Kinder stehen ohne Handfassung in gleichem Abstand (ca. 50 cm) auf der Kreislinie mit dem Blick zur Kreismitte. Ein Kind geht in „Schlangen-Linie" um die einzelnen Kinder herum und kommt wieder zu seinem Platz zurück. Dies machen die anderen einzeln nach. Anschließend wird dieser Vorgang von allen Kindern zeichnerisch dargestellt (s. Zeichnung):

Grundbewegungsart: Laufen
Für federndes und schwingendes Laufen sind folgende Taktarten besonders gut geeignet: 3/4-Takt, 3/8-Takt und 6/8-Takt.
Dies sollte der Lehrer bei der Bewegungsbegleitung beachten!

B 50
Laufen im Raum:

Die Kinder laufen frei im Raum umher. Bewegungsbegleitung mit der Handtrommel oder nach der Musik von Fidula-Schallplatten:

FF 1194 Bewegungsmusiken: „Querfeldein“
FF 1210 Spring ins Feld: „Lauf-Vergnügen“

B 51
Das Flugzeug-Spiel:

Aus der Hockstellung springen die Kinder mit seitlich ausgestreckten Armen und geschlossenen Beinen in die Luft wie ein Flugzeug beim Start. Sie fliegen (laufen) mit ausgestreckten Armen und machen Kurven, um anderen Flugzeugen auszuweichen.

1. Variation: Der Lehrer erklärt, wie die Flugzeuge in Formation fliegen. Dann werden die Kinder in Dreiergruppen aufgeteilt. Sie starten, fliegen hoch, dann wieder niedrig, jetzt im Zickzackkurs. Die Dreiergruppen fliegen in gleicher Formation. Auf ein Zeichen des Lehrers ändern sie ihre Bewegungen.

2. Variation: Jedes Kind macht mit seinem Flugzeug Flugkunststücke vor, die anderen Kinder sehen sich dies an.

3. Variation: Ein Kind ist der Anführer und fliegt voraus. Die anderen „Flugzeuge“ müssen ganz genau seinen Flugbewegungen folgen.

B 52
Kombination von Gehen und Laufen:

Die Kinder bilden zwei Kreise. Ein Kreis geht, der andere läuft. Auf ein Zeichen erfolgt der Wechsel.

Variation: Wechsel vom Gehen zum Laufen nach Musik ausführen. Gut geeignet ist hierfür die Fidula-Schallplatte:

FF 1210 Spring ins Feld: „Wechselspiel“

Grundbewegungsart: Hüpfen
Die Übungen sollten kurz, spielerisch und im Wechsel mit anderen Übungen, z. B. Gehen, Laufen durchgeführt werden.

B 53
Rhythmisches Hüpfen:

Die Kinder hüpfen abwechselnd auf dem linken und rechten Bein.

1. Variation: Über eine Linie (Reifen, Seil, Gummiband, Zauberschnur etc.) hüpfen, sich umdrehen und zum Ausgangsplatz zurückhüpfen.

2. Variation: Über die „Reifenstraße" hüpfen. Hierzu werden die Reifen nebeneinander zu einer Straße gelegt.

B 54
Hüpfen frei im Raum:

Die Kinder üben frei im Raum das Hüpfen vorwärts, rückwärts; diagonal, im Kreis, im Dreieck, im Quadrat usw. Sie müssen dabei aufpassen, daß sie nicht mit anderen Kindern zusammenstoßen.

B 55
Hüpfen zu Paaren:

Die Kinder stehen zu zweit nebeneinander und fassen sich an. Sie hüpfen in einer Richtung, wobei sie aber Zusammenstöße mit anderen Kindern vermeiden müssen.

1. Variation: Auf ein Zeichen des Lehrers hüpfen und galoppieren die Kinder abwechselnd. Dies kann sowohl einzeln als auch paarweise durchgeführt werden.

2. Variation: Drei Kinder bilden einen Kreis und fassen sich an. Dabei stehen zwei Kinder mit dem Gesicht nach innen, das dritte mit dem Gesicht nach außen. Das nach außen sehende Kind ist der Anführer dieser Dreiergruppe. Alle drei Kinder laufen jetzt zusammen los und versuchen dabei gleichmäßig und ohne gegenseitige Behinderungen voranzukommen und vor allem den Abstand zueinander einzuhalten. Auf ein Zeichen des Anführers fangen sie an zu hüpfen, wobei die Fassung beibehalten wird.

B 56
Hüpfen mit Richtungsänderung:

Die Kinder üben nun, zunächst einzeln, rückwärts und seitwärts hüpfen (dies hat seine Schwierigkeiten!), wobei sie geradeaus sehen. Dann ändern sie die Richtung, in der sie gerade gehüpft sind.

B 57
Kombination von Gehen und Hüpfen:

Die Grundbewegungsarten: Gehen und Hüpfen können jetzt miteinander kombiniert werden. Bald werden die Kinder dazu fähig sein, damit selbständig Bewegungsfolgen zu entwickeln. Sie zeigen sich diese gegenseitig und sprechen darüber.

Variation: Gehen und Hüpfen nach der Musik von der **Fidula-Schallplatte FF 1210 „Joker"** ausführen. Für **G**ehen wird als visuelles Signal ein **g**elbes Tuch hochgehalten, für **H**üpfen ein **h**ellblaues Tuch (**G**ehen und **g**elb, **H**üpfen und **h**ellblau haben den gleichen Anfangsbuchstaben!).

Grundbewegungsart: Sich drehen

Auch in das Gehen, Laufen und Hüpfen können jederzeit Viertel-, Halb- und Ganzdrehungen miteinbezogen werden.

B 58
Viertel-, Halb- und Ganzdrehungen:

Die Kinder machen entweder auf ein Zeichen des Lehrers oder dann, wann sie wollen, eine halbe oder eine ganze Drehung, indem sie hochspringen und sich in der Luft drehen, dann gehen, laufen oder hüpfen sie in der entgegengesetzten Richtung weiter, auch die Vierteldrehung kann dabei miteinbezogen werden.

10.2 Bewegungsspiele zur Koordination und Kommunikation (ohne Gesang)

Die Kinder sollen üben, die Grundbewegungsarten wie Gehen, Laufen, Hüpfen, sich drehen etc. im Spiel anzuwenden und zu beherrschen. Sie sollen dazu befähigt werden, auf ein bestimmtes Signal hin von einer Bewegung zu anderen überzuwechseln.

B 59
Pantomimische Spiele:

Imitation von Bwegungsabläufen (Rollen- und Phantasiespiele) z. B.:

- beim Friseur
- beim Zahnarzt
- beim Doktor
- im Selbstbedienungsladen
- zu Hause (Vater, Mutter und Kind)
- Nagel mit dem Hammer einschlagen
- Flasche entkorken
- Tür mit Schlüssel aufschließen
- Koffer packen und wegtragen
- Gießkanne mit Wasser füllen und damit Blumen gießen
- Streichholz aus der Schachtel nehmen, anzünden, ausblasen, Schachtel wieder schließen
- aufstehen, waschen, Kleider anziehen, frühstücken, zur Schule gehen
- Auto, Fahrrad oder Roller fahren
- einen Luftballon im Kreis herumgeben (den Luftballon sich nur denken!) etc.

B 60
Das Gebärden-Spiel:

Ein Kind deutet mit einer Hand oder mit beiden Händen an, was die Klasse ausführen soll, z. B. die Klasse soll näherkommen, weggehen, sich hinsetzen, einen Kreis bilden usw.

Variation: Die Klasse ist in zwei Hälften geteilt, und das Kind dirigiert mit jeder Hand eine Hälfte. Die Kinder werden aufgefordert, weitere Gebärden zu erfinden.

B 61
Das „Trommel"-Spiel:

Einzelne Kinder bewegen sich gehend, laufend, hüpfend nach der Trommel. Die anderen Kinder sehen dabei auf ihre Füße und klatschen dazu. Zur Bewegungsbegleitung können auch Schlaginstrumente (Pauken, Klangstäbe, Holzblocktrommeln, Kastagnetten, Rasseln etc.) eingesetzt werden.

B 62
Spiele mit Ball und Luftballon:

Die Kinder gehen, laufen oder hüpfen im Raum umher. Auf ein Zeichen prellen sie den Ball und fangen ihn wieder auf.

Variation: Zwei Gruppen werden gebildet. Jede Gruppe erhält 3 oder noch mehr Luftballons, die sie ständig in der Luft halten soll.

B 63
Das Reifen-Spiel:

Die Kinder dürfen ausprobieren, was sie mit dem Reifen alles tun können. Einige Lösungen werden später von einzelnen Kindern der Gruppe vorgeführt, z. B. vor- und rückwärtsrollen und mitlaufen, mit der rechten und linken Hand den Reifen anstoßen, durch den rollenden Reifen hüpfen, um den rollenden Reifen herumlaufen etc.

1. Variation: Die Kinder probieren aus, was sie mit dem liegenden und dem senkrecht stehenden Reifen alles machen können.

2. Variation: Führen und Folgen. Je zwei Kinder bekommen einen Reifen. Das eine Kind steigt in den Reifen und hält ihn in Hüfthöhe. Nun schließt es seine Augen. Das andere Kind erfaßt den Reifen und führt das „blinde“ Kind. Das Kind, das im Reifen steht, kann auch führen, dann hält sich das 2. Kind mit beiden Händen außen an dem Reifen fest.

B 64
Das Bänder-Spiel:

Die Kinder bekommen lange, bunte Bänder, die sie zunächst frei in der Luft kreisen lassen können. Der Lehrer sollte dabei darauf achten, daß jedem Kind genügend Platz zur Verfügung steht.

Variation: Falls die Kinder nicht selbst darauf gekommen sind, macht der Lehrer ihnen vor, wie die Bänder in Kreisen und in Achterschleifen geschwungen werden können. Für das Kreisen eignet sich Musik im Dreiertakt **(Fidula-Schallplatte FF 1194 „Kuckucks-Polonaise“)**, für die Achterschleifen kann Musik im Zweiertakt als Begleitung genommen werden **(Fidula-Schallplatte FF 1222 Polka: „Mon papa“).**

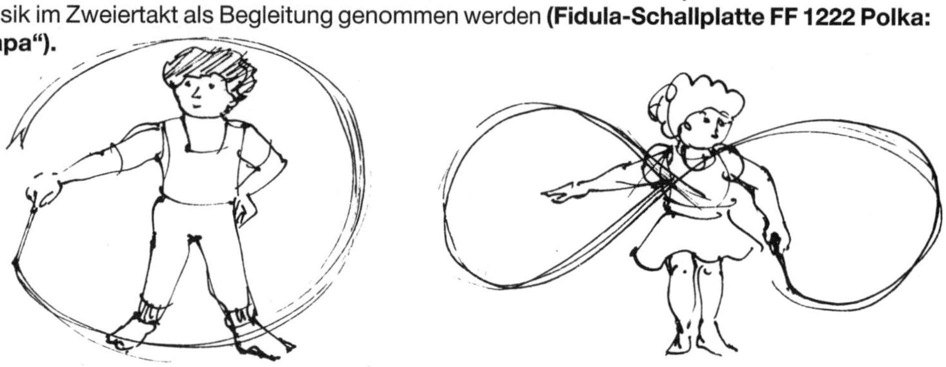

B 65
Eisenbahn-Spiel:

Die Kinder, an den Schultern gefaßt und hintereinander stehend, bilden einen Eisenbahnzug. Ein Kind ist die „Lokomotive“ bzw. der „Lokomotivführer“, der je nach der Begleitung des Lehrers den Zug anführt.

1. Variation: Eine weitere Übung zum Thema „Zug“ könnte sein, daß die Kinder wählen, ob sie als einzelne Lokomotive oder als ganzer Zug (zu mehreren) fahren wollen.

2. Variation: Die Klasse wird in zwei Hälften eingeteilt und stellt jetzt zwei Eisenbahnzüge dar. Der vorderste Schüler jeder Reihe ist der Lokomotivführer und führt seinen Zug an. Die Lokomotivführer haben zwei verschiedene Instrumente oder verschieden klingende Rasselbüchsen. Die beiden Züge dürfen nicht miteinander fahren und haben sich daher freiwillig abzulösen. Auch die Lokomotivführer sollten sich von Zeit zu Zeit ablösen.

B 66
Karussell-Spiel:

Die Kinder sitzen am Boden. Jedes Kind klatscht einmal in die Hände. Das Klatschen geht ohne Unterbrechung im Kreis herum, zuerst langsam, dann immer schneller. Gute Reaktionsübung!

1. Variation: Dieses Spiel läßt sich auch mit Instrumenten ausführen.

2. Variation: Ältere Kinder schaffen es bestimmt, dieses Spiel auch mit **geschlossenen Augen** auszuführen.

B 67
Gehen nach Musik:

Die Kinder gehen nach der Musik der **Schallplatte (FidulaFON 1221 „Round the Mountain")** im Kreis herum. Ohne besondere Aufforderung setzt sich ein Kind nach dem anderen in die Kreismitte hin. Wenn alle Kinder sitzen, stehen sie einzeln wieder auf. Es ist darauf zu achten, daß sich immer nur ein Kind hinsetzt bzw. aufsteht.

B 68
Spiel mit Tuch und Ball:

Die Paare stehen sich gegenüber und halten waagerecht je zwei Enden eines quadratischen Tuches in den Händen. Auf dem Tuch liegt ein leichter Ball oder Luftballon, der gemeinsam hochgeworfen und wieder aufgefangen wird. Die Paare sollen dabei darauf achten, daß der Ball oder der Luftballon nicht vom Tuch herunter auf den Boden fällt.

B 69
Bewegungsspiel mit „eng" und „weit":

Die Kinder gehen einzeln im Raum umher. Auf ein vorher vereinbartes Zeichen (z. B. laute Trommelschläge) kommen sie alle ganz dicht in der Mitte des Raumes zusammen, so daß sie sich mit dem Rücken, Schulter, Armen, Beinen und Händen berühren.

Methodischer Hinweis: Dieses Spiel sollte zunächst mit Gruppen zu je 5 Kindern durchgeführt werden.

Variation: Sobald die Kinder Körperkontakt haben, sollen sie versuchen, daß sich die ganze Kindergruppe gemeinsam z. B. nach oben, nach unten, vorwärts, rückwärts etc. zu bewegen beginnt.

B 70
Phantasie-Gebilde bauen:

Den Kindern werden verschiedene Geräte auf den Boden gelegt, z. B. Tücher, Bänder, Seile, Tennisbälle, Rundhölzer, Verschränkstäbchen, Rasselbüchsen etc. Jede Fünfergruppe soll mit diesen Dingen ein Phantasiegebilde bauen, z. B. einen Menschen, ein Tier, eine Blume, ein Haus etc.

B 71
Bewegungsimitation von Zirkustieren:

Die Kinder nennen zunächst einmal Tiere, die sie im Zirkus gesehen haben. Sie machen ihre Bewegungen nach.

1. Variation: Gut geeignet ist die Musik der Schallplatte **FidulaFON 1212 „Tier-Zirkus",** welche die Tiere Elefant, Affen, Zirkuspferd, Tanzbär und Tiger sehr treffend zur Darstellung kommen läßt.

2. Variation: Auch die Musik der beiden nächsten Fidula-Schallplatten:

FF 1213 Tiere in Wald und Feld: Maus, Hase, Fuchs, Vögel, Reh – auch auf Cassette FC 3
und **FF 1214 Zoo-Tiere in freier Wildbahn: Marabu, Pinguin, Kamel, Löwe, Krokodil – auch auf Cassette FC 3**
läßt sich für die Bewegungsimitation dieser Tiere gut verwenden.

B 72
Das „Denkmal"-Spiel:

Alle Kinder bewegen sich frei im Raum nach dem Spiel einer Trommel oder eines anderen Instruments. Wenn die Trommel plötzlich abbricht, bleiben die Kinder in einer bestimmten Position (wie die Figur eines Denkmals) stehen oder knien oder liegen.

1. Variation: Beim nächsten Abbruch des Trommelspiels wird wieder eine andere Position eingenommen. Aufnahmen mit einem Video-Gerät könnten hier empfohlen werden, damit die Kinder anschließend die verschiedenen „Denkmäler" sich ansehen könnten.

2. Variation: Die Kinder stellen zu Zweien, zu Dreien, zu Vieren . . . etc. ein „Denkmal" dar.

B 73
Malen mit Musik:

Vorher folgende Sachen bereitlegen:
1. eine alte Tapete (Rückseite nach oben) in der Mitte des Raumes ausrollen;
2. bunte, dicke Wachsmalstifte an die Kinder austeilen;
3. Schallplatte mit Musik, die sich zum Gehen eignet, auf den Plattenspieler legen, z. B.:

FidulaFON 1192 „Yankee Doodle" – Cassette FC 20
FidulaFON 1306 „Tip Top Mixer" – Cassette FC 20

Die Kinder halten den Wachsmalstift in ihrer rechten Hand und gehen nach der Musik der Schallplatte um die Tapete herum. Beim Aussetzen der Musik (Lautstärke-Regler nach links herunterdrehen) beginnen sie ein Bild auf die Tapete zu malen, z. B. ein Haus, einen Baum, ein Tier, eine Blume, einen Ball, ein Auto etc.
Wenn die Musik wieder einsetzt (Regler einfach nach rechts drehen), gehen die Kinder wieder um die Tapete herum. Der Lehrer achtet beim nächsten Aussetzen der Musik darauf, daß die Kinder nicht mehr an dieselbe Stelle der Tapete zurückkommen. Jedes Kind malt jetzt das angefangene Bild weiter bzw. ganz fertig.
Dieses Spiel wird nun so lange fortgesetzt, bis ein schöner Wandfries mit bunten Bildern, evtl. für den Klassenraum entstanden ist.

11. Tanzspiele (T) (Spiellieder) für 4- bis 7jährige Kinder

Zur motorischen Entwicklungsförderung sind Tanzspiele (Spiellieder) in der **Kreisform** sehr zu empfehlen. Die kleineren Kinder (4- bis 5jährige) haben hiermit noch einige Probleme, sich daran zu gewöhnen. Meistens gelingt es ihnen noch nicht, diese Form in der Bewegung auch wirklich rund zu halten. Hier kann evtl. ein Stuhlkreis weiterhelfen, um den die Kinder dann herumgehen. Auch kann der Erzieher einen Kreis aus einem langen Seil auf den Boden legen. Ein mit Kreide auf dem Fußboden gezeichneter Kreis kann natürlich eine große Hilfe sein, nur haben die Putzfrauen meistens etwas dagegen. Ferner kann der Erzieher Gymnastikreifen zur besseren Orientierung in der Kreisform auf den Boden legen.

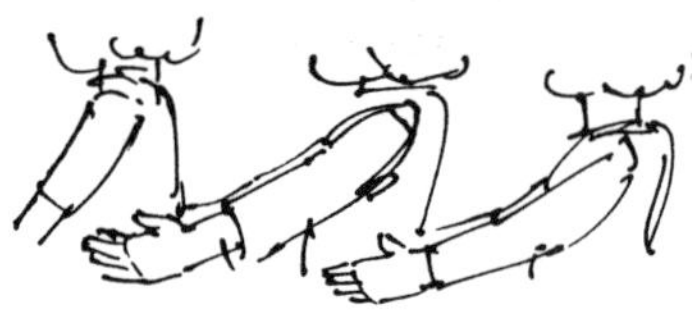

Weitere Formationen sind die **Reihe** (alle Kinder gehen hintereinander, beide Hände liegen auf den Schultern bzw. den Hüften des vorderen Kindes) und die **Schlange** (alle Kinder fassen sich an den Händen, das erste Kind führt die „Schlange" an). Im Spiel werden durch das Bewegen Rhythmus, Takt und Dynamik leichter und anschaulicher erfaßt.

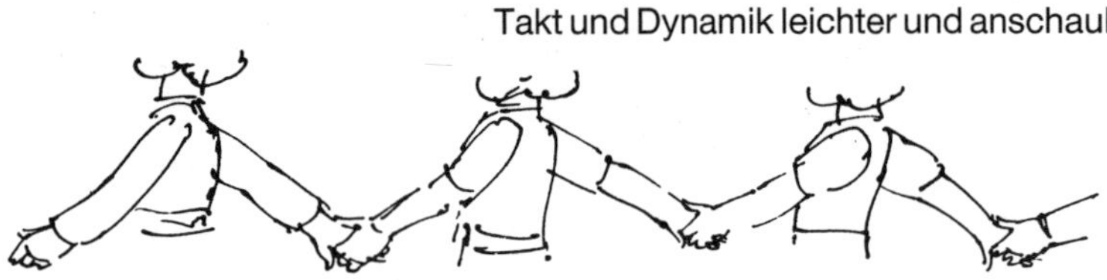

Anmerkung: Tanzspiele (Spiellieder) werden nachfolgend mit dem Großbuchstaben: **T** gekennzeichnet.

T 1
Der Wolf und die sieben Geißlein.

Durch Abzählen werden die „Geißenmutter" und der „Wolf" aus der Kindergruppe gewählt. Die Kinder, die noch übrigbleiben, sind dann die „Geißlein". Alle Kinder stellen sich so im Raum auf, wie es auf der Zeichnung angegeben ist:

① Zu Beginn des Spiels singt die „Geißenmutter":

② Die „Geißlein" antworten der „Mutter":

③ Die „Mutter" erwidert:

④ Die „Geißlein":

⑤ Die „Mutter":

⑥ Die „Geißlein":

⑦ „Geißenmutter" singt noch einmal wie unter (1), jetzt aber doppelt so schnell.

Jetzt laufen die „Geißlein“ auf die gegenüberliegende Seite des Raumes, und dabei versucht der „Wolf“, sie zu fangen (evtl. ein- bis zweimal mit der Hand anschlagen). Wer von ihm gefangen wurde, wird dann selbst zum „Wolf“.
Nun geht die „Geißenmutter“, vom „Wolf“ unbehelligt, auf die gegenüberliegende Seite des Raumes, und das Spiel beginnt von vorne. Es dauert so lange, bis alle Geißlein vom Wolf gefangen wurden.

T 2
Das „Plumpsack“-Spiel.

Die Kinder stehen im Kreis und singen das Lied vom Plumpsack. Hierzu geht ein Kind mit einem Taschentuch oder Schal (vorher damit einen Knoten binden) um den Kreis außen herum. Wer sich umdreht oder lacht, bekommt mit dem geknoteten Tuch einen leichten Schlag auf den Rücken. Nach einiger Zeit läßt das Kind das Tuch hinter einem anderen Kind fallen, das dann den „Plumpsack“ übernimmt. Das Spiel beginnt wieder von vorne.

T 3
Das Spiel vom Teddybär.

Kinder bilden einen Kreis. Ein Kind wurde vorher ausgezählt und spielt jetzt den „Teddybär“. Der Text des Liedes gibt an, welche Bewegungen er machen soll. Bei der Frage „ . . . wie alt bist du?“ muß der „Teddybär“ die Anzahl der genannten Jahre hüpfen (einfache Schlußsprünge, mit beiden Beinen ausgeführt). Danach kann ein anderes Kind diese Rolle übernehmen.

T 4
Das wilde Tier.

Text und Melodie: überliefert
Ein Kind ist das „wilde Tier“, es versteckt sich in einer Ecke des Raumes. Die anderen Kinder gehen singend im Kreis herum bis „warten“ (Ende des 1. Liedteiles). Die Zahlen werden mit Stampfen, Klatschen, Schnalzen, Knieschlagen usw. begleitet. Bei der Zahl 11 klopft das „wilde Tier“ an die Wand, an die Tür oder auf den Fußboden, und bei der Zahl 12 versucht es, eines der weglaufenden Kinder zu fangen. Wenn dies gelingt, wird das gefangene Kind das „wilde Tier“.

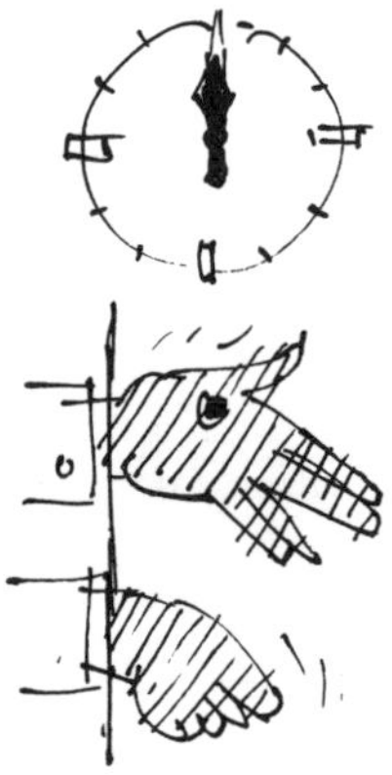

Variation: Man kann die Zahlen variieren und das Tier zu anderen Zeiten kommen lassen, z. B. „Um 5 da klopft's" und „Um 6 da kommt's". Diese Verkürzung ist besonders bei kleineren Kindern zu empfehlen, wenn sie noch nicht bis 10 oder 12 zählen können.

T 5
Wir machen viele kleine Schritte (Kanon).

Spielfassung nach Barbara Böke:

Aufstellung:
Die Kinder stehen sich in 2 Reihen mit ca. 4 m Abstand gegenüber.

Takt 1-2: 4 Gehschritte vor + 4 Gehschritte zurück
Takt 3-4: 7 x mit beiden Füßen abwechselnd aufstampfen
Takt 5-6: 8 x abwechselnd die Arme hoch und zur Seite strecken
Takt 7-8: 7 x in die Hände klatschen

Zunächst Melodie und Text einüben, danach singen und gleichzeitig bewegen. Durch weitere Strophen kann dieses Spiel verlängert werden, z. B.: Wir klatschen alle auf die Beine . . . usw. oder auch: Wir spielen alle auf der Trommel . . . usw. (Das Spielen auf verschiedenen Instrumenten mit Bewegung nachmachen!)

Variation: Bei älteren Kindern kann versucht werden, diese Liedmelodie im zwei- und vierstimmigen Kanon zu singen und in die Bewegung zu übertragen (beim zweistimmigen Kanon stehen sich dann 2 Reihen gegenüber, beim vierstimmigen Kanon wird ein Quadrat gebildet).

Entnommen aus: Barbara Böke, Lernspiele, Heft 5, Fidula Verlag, Boppard, 1984

T 6
Die schwarze Köchin.

Die Kinder gehen im Kreis herum und singen das Lied. Ein Kind geht außerhalb des Kreises in entgegengesetzter Richtung herum. Bei „komm mit" holt es sich jeweils ein anderes Kind aus dem Kreis, das sich ihm anschließt. Zuletzt ist nur noch ein Kind übrig. Die anderen Kinder singen nun:

Ist die schwarze Köchin da?
Ja, ja, ja!
und tanzen um die „schwarze Köchin" herum.

Dann sprechen sie:

Da steht sie ja, da steht sie ja, uns're „schwarze Köchin"!

Nun darf das letzte Kind um den Kreis herumgehen, und das Spiel beginnt von vorne.

Aus Österreich

T 7
Wir fahren wie die Eisenbahn.

Spielausführung: Die Kinder stellen sich in Reihen (jede Reihe hat 4 bis 5 Kinder) auf. Das erste Kind jeder Reihe führt diese an, indem es dazu die Trommel schlägt. Jede Reihe geht einen anderen Weg und darf dabei keine andere durchkreuzen. Auf ein Signal bzw. am Ende des Liedes gibt das 1. Kind an das 2. Kind jeder Reihe die Führung ab und geht an das Ende der Reihe.

T 8
Die Straßenbahn.

T: Bruno Horst Bull
M: Richard R. Klein
aus:
Das zweite Liedernest,
Fidula

Dieses Spiel kann ähnlich so gespielt werden wie das vorige (Nr. T 7).

Dazu als Begleitung:

2. Dann steigen ein wohl groß und klein und außerdem ein Hund. Die Straßenbahn kommt ratternd an, mit Bimmelbammel hält sie dann zwölfmal in einer Stund!

T 9
Wir haben einen Omnibus.

Dieses Spiel kann genauso gespielt werden, wie die beiden vorigen. In der 2. Strophe tritt ein Kind als „dicker Mann" mit einem Koffer auf. Ein Kind übernimmt in der 3. Strophe die Rolle des „Kontrolleurs".

Text: überliefert
Melodie: H. M.

Ostinato:

2. Ein dicker Mann kommt angerannt,
der möchte auch noch mit,
er hat den Koffer in der Hand,
der Mann, der heißt Herr Schmitt.

3. Bezahlen muß man auch dafür,
da kommt der Kontrolleur.
Die Türen zu – jetzt fahren wir,
da freu'n sich alle sehr.

T 10
Brüderchen, komm tanz mit mir.

Die Kinder stehen sich zu zweien gegenüber. Die entsprechenden Bewegungen gehen aus dem Text hervor. Bei „rundherum" dreht sich jedes Kind um sich selbst.

2. Ei, das hast du fein gemacht,
ei, das hätt' ich nicht gedacht.
Einmal hin, einmal her,
rundherum, das ist nicht schwer.

Mit dem Köpfchen nick, nick, nick,
mit dem Fingerchen tick, tick, tick,
einmal hin, einmal her,
rundherum, das ist nicht schwer.

T 11
Tanzspiel im Sitzen: U gonni.

Fassung nach Johannes Holzmeister.

FF 1154 Vier Party games: Boogie Time, Step Please, U Gonni, Cockey Cockey (FC 2)
FF 1176 Letkiss, Gonni-Game, Grimassentanz, Rüpeltanz (FC 17)

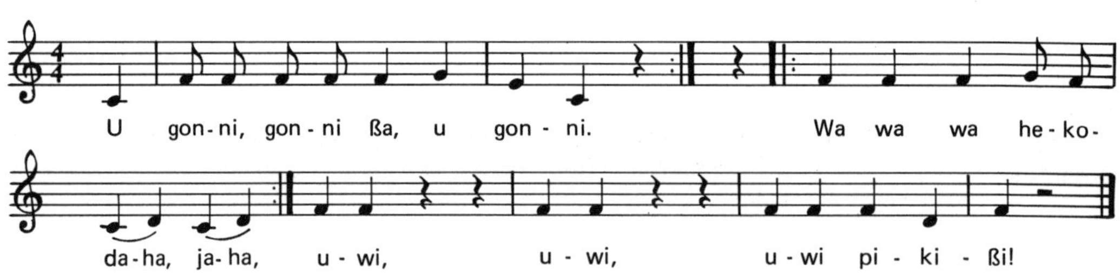

Alle Kinder sitzen auf Stühlen oder Hockern im Kreis. Die Bewegungen hierzu werden nun so ausgeführt, wie bei den einzelnen Durchgängen angegeben. Bei kleineren Kindern kann der Erzieher die Bewegungen selbst vereinfachen, z. B.
die Takte 1- 4 = klatschen,
die Takte 5- 8 = patschen (auf die Knie schlagen)
die Takte 9-12 = abwechselnd klatschen und patschen etc.

1. Durchgang:
   Beide Hände schlagen auf die eigenen Oberschenkel, dann im Takt auf die des rechten Nachbarn, wieder auf die eigenen, dann auf die des linken Nachbarn, wieder auf die eigenen . . . usw.
2. Durchgang:
   Beide Hände schlagen auf die eigenen Oberschenkel, dann dasselbe über Kreuz ausführen, beide Hände auf die eigenen Oberschenkel schlagen, dann mit beiden Händen schnalzen bzw. schnipsen.

3. Durchgang:
Rechten Arm vor den Körper strecken, mit linker Hand auf den rechten Handrücken patschen, dann linke Hand in die Beuge des rechten Armes, rechten Arm einwinkeln, dann den linken Arm vorstrecken . . . usw.

4. Durchgang:
Mit beiden Händen auf die eigenen Oberschenkel schlagen, rechte Hand an die eigene Nase, dabei gleichzeitig die linke Hand ans rechte Ohr fassen, Schlagen auf die Oberschenkel, linke Hand an die Nase, rechte gleichzeitig ans linke Ohr fassen usw.

5. Durchgang:
Mit beiden Händen auf die eigenen Füße schlagen, dann auf die Oberschenkel, nun auf die Brust und dann auf den Kopf . . . usw.

T 12
Ein kleiner grauer Esel

Spielform: Die Kinder stellen sich hintereinander im Kreis auf. Beim Teil A bewegen sie sich auf der Kreislinie in Tanzrichtung (s. Zeichnung) vorwärts. Beim Teil B bleiben sie stehen und wackeln mit ihrem Po hin und her. Beim Teil C rufen sie in alle Richtungen „i-a“, indem sie beide Hände als Schalltrichter vor den Mund halten und mit jedem Ruf eine Vierteldrehung ausführen.

Variation: Bei älteren Kindern kann die Melodie im dreistimmigen Kanon gesungen werden. Dann werden drei Gruppen mit je einem Anführer gebildet. Die Gruppen setzen im Kanon nacheinander ein und führen die gleichen Bewegungen aus wie bei der einstimmigen Fassung.

Variationen: Melodie auch mit anderen Tieren singen lassen, z. B. Dackel, Katze, Vogel, Ziege . . . usw.

T 13
Wir gehn im gleichen Schritte.

Spielform: Die Kinder bilden eine lange Reihe, der Erzieher führt an und zeigt den Kindern, wie es gemacht wird. Bei der letzten Strophe führt er zum Kreis.

Text: Ruth Sieler
Melodie: H. M.

2. Nun könnt ihr's alle sehen:
wir gehen auf den Zehen,
videri, videra, viderallala,
videri . . .

3. Jetzt gehen wir ganz leise,
einmal rundherum im Kreise,
videri, videra, viderallala . . .

4. Wir klatschen in die Hände,
unser Lied ist nun zu Ende,
videri, videra, viderallala . . .

Kinder weitere Verse erfinden lassen, z. B. mit hüpfen, laufen, drehen; patschen, stampfen, schnicken . . .

T 14
Das Klatsch-Stampf-Lied.

Spielform: Einzelne Kinder führen die lange Reihe an. Genau nach dem Text werden die Bewegungen hierzu ausgeführt.

Text und Melodie: H. M.

T 15
Das Rassel-Tanzspiel.

Spielform: Die Kinder stehen im durchgefaßten Kreis und gehen 4 Gehschritte vorwärts, dann 4 Gehschritte rückwärts. Den 2. Teil des Liedes so ausführen, wie es der Text angibt.

Text und Melodie: H. M.

2. Wir tanzen alle rundherum, rassel, rassel-bum.
Wir singen dabei dideldum, rassel, rassel-bum.

Kinder dazu anregen, weitere Strophen zu erfinden.

T 16
Dort auf jenem Berge.

Spielform:

1. Strophe. Die Kinder stehen im Kreis. In der Mitte sitzen 7 Kinder in der Hocke.
Takt 1-2: Kreiskinder zeigen nach der Mitte im Takt.
Takt 3-4: Die Kinder zählen mit den Fingern: 1, 2, 3.
Takt 5-6: Kinder machen sich klein mit vorgestreckten Armen.
Takt 7-8: wie Takt 3-4.

2., 3. und 4. Strophe: wie bei der 1. Strophe.

5. Strophe: Geschlossener Kreis. Alle Kinder hüpfen nach links, im 2. Teil (Takt 5-8) nach rechts. Die 7 Kinder in der Mitte hüpfen jeweils entgegengesetzt.

Text und Melodie: überliefert

2. Den Text noch einmal leise singen.
3. Nur die Melodie summen.
4. Nur den Rhythmus der Melodie klatschen:

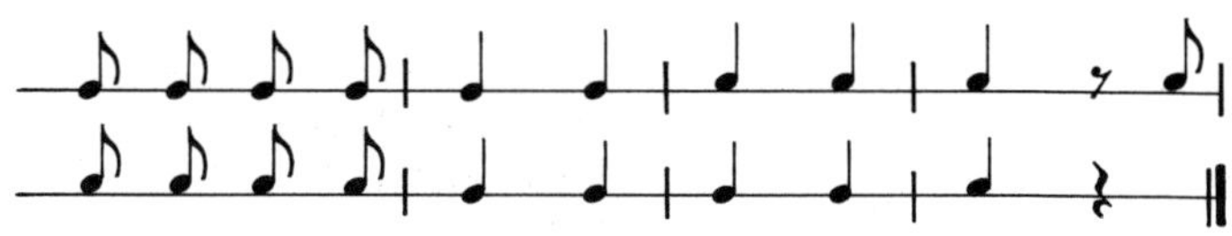

5. (Singen:) Wer das Lied nicht sin-gen kann, eins zwei drei,
der fängt es wieder vor-ne an, eins zwei drei.

T 17
Spiel mit „lang und kurz“ (gehen-schleichen-laufen).

Der Text gibt genau an, welche Bewegung zu dieser Liedmelodie ausgeführt werden soll.

12. Tanzspiele (T) (Spiellieder) für 8- bis 10jährige Kinder

T 18
Die Kinder kommen da (Polonaise).

Empfehlenswerte Schallplatten:
Round the Moudle FidulaFON 1221
Yankee Doodle FidulaFON 1192 ✻ FC 20
Party-Bummel FF 1215 ✻ FC 6
Colonel Bogey SP 23 206
Tänze aus Kanada CAL 17 725

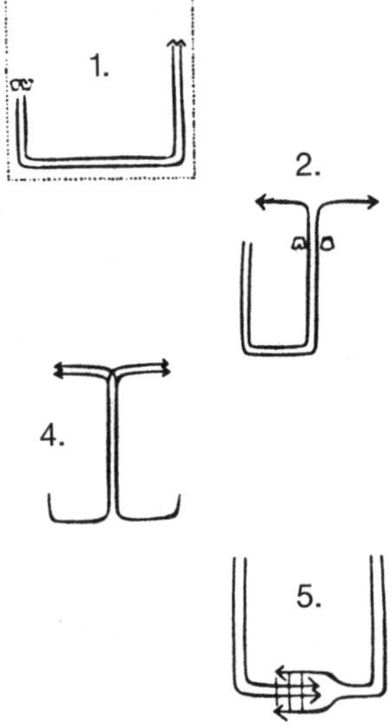

Die Polonaise, auch Aufzug genannt, wird meistens zur Eröffnung eines Kinderfestes getanzt. Alle Paare stellen sich hintereinander in der Mitte des Raumes auf und gehen, vom 1. Paar angeführt, zum Singen des Liedes „Die Kinder kommen da“ oder nach der Musik von Schallplatten in verschiedenen Formen durch den Raum.

Einfache Form für eine Polonaise:

1. Umzug: Zuerst wird der ganze Raum abgegangen (alle 4 Ecken!).
2. Halbieren des Raumes: Einschwenken auf die Raummitte, durchgehen des Raumes in seiner Länge und paarweises Einschwenken, Tänzer nach links, Tänzerinnen nach rechts.
3. Begegnung: Die Paare treffen sich und gehen paarweise wieder durch die Raummitte.
4. Abbiegen der Paare: Das 1. Paar biegt nach links, das 2. Paar nach rechts ab . . . etc.
5. Tor-Gang: Die ungeraden Paare bilden auf der nächsten Längsseite mit den gefaßten Händen Tore, damit die geraden Paare darunter durchgehen können. Dann bilden auf der Gegenseite die geraden Paare die Tore, und die ungeraden Paare gehen darunter durch.

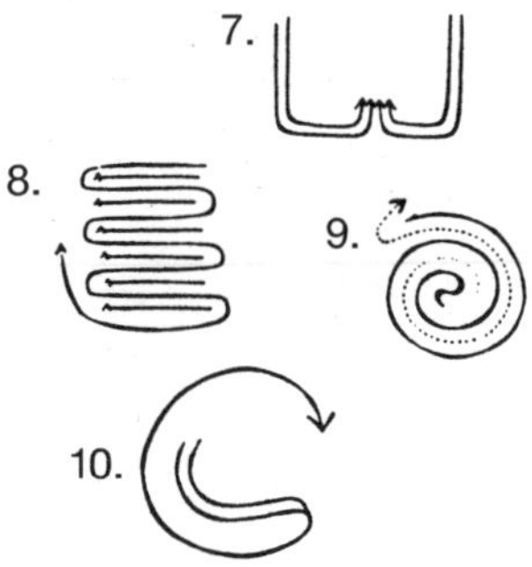

6. Einordnen und Abbiegen der Paare: s. unter 4.
7. Zu Vieren: 2 Paare gehen nebeneinander zur Reihe angefaßt, durch den Raum.
8. Einfädeln zur Schlange: Die Viererreihen bleiben stehen, und der 1. Tänzer führt diese zur sog. Schlange.
9. Auflösung der Schlange: Der 1. Tänzer zieht diesen Faden sehr eng zusammen. Auf seinen Zuruf „Stop!" bleibt alles stehen und unter den erhobenen Armen führt er die lange Reihe zum Rand des Raumes.
10. Bildung eines Kreises: Zum Abschluß der Polonaise stehen alle Paare im durchgefaßten Kreis. Von dieser Form aus können ein Tanzspiel oder ein Kindertanz beginnen.

T 19
Die Riesenschlange.

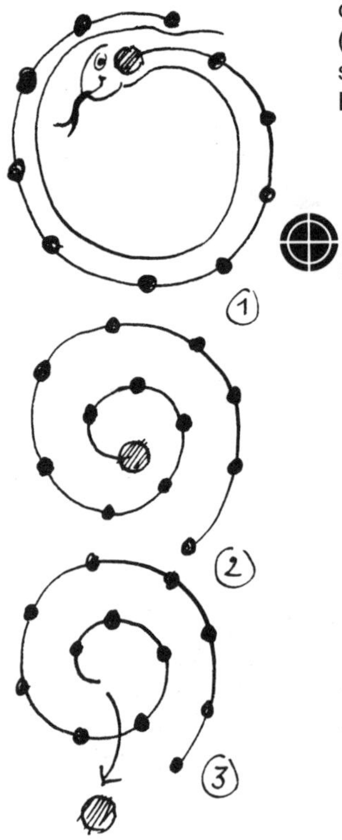

Spielform: Die Kinder stellen sich in einer langen Reihe auf. Den Kopf der Riesenschlange bildet das 1. Kind (s. Zeichnung 1). Es führt die Reihe in engen Windungen (Spirale) zur Raummitte (s. Zeichnung 2). Alle Kinder bleiben jetzt stehen und heben ihre Arme hoch. Durch diese Tore schlüpft das 1. Kind heraus und führt die Reihe wieder zum Ausgangsplatz zurück (s. Zeichnung 3). Beim 2. Durchspiel kann das 2. Kind die Führung übernehmen.

Text und Melodie: überliefert

2. Seht die große Riesenschlange,
sie geht aus zu ihrem Fange,
ringelt sich nun auch noch ein,
sieht grad aus, als wär sie klein.

3. Seht die große Riesenschlange,
sie geht aus zu ihrem Fange,
haltet aber alle fest,
denn jetzt schlüpft sie aus dem Nest.

Methodischer Hinweis: Es ist vorteilhaft, wenn die „Schlange" zunächst von einem Erzieher angeführt wird. An diesem Spiel können viele Kinder teilnehmen. Die Führung könnten dann später einzelne Kinder übernehmen. Auch schüchterne Kinder sollten diese Rolle übertragen bekommen.

T 20
Der Mann, der alles kann.

Spielform: Alle Kinder fassen sich zu einem Kreis an. Ein Kind wird vorher ausgezählt und übernimmt die Rolle des „Mannes", der sich im Raum versteckt. Alle Kinder beginnen jetzt zu singen: „Wo ist der Mann, der alles kann?" und gehen dabei in Tanzrichtung herum. Dann bleiben alle Kinder stehen, und ein Kind singt weiter: „Er steht dort hinterm Baume." Es zeigt zum Versteck des „Mannes". Bei „Eins, zwei, drei." singen alle Kinder und klatschen dreimal in die Hände. Jetzt singen alle Kinder den Schlußteil „Viderallala . . ." und hüpfen dabei in Tanzrichtung im Kreis herum.

Die anderen Strophen des Liedes werden so gesungen und getanzt, wie es durch den Text bereits angedeutet wird.

Weitere Liedstrophen können noch von den Kindern erfunden werden!

Melodie und Text: Aus Holstein

Ein anderes Kind:	2. Da kommt er hergegangen. Eins, zwei, drei. Viderallala . . .
Der Mann:	3. Was wollt ihr von mir lernen? Eins, zwei, drei. Viderallala . . .
Alle:	4. Wir woll'n das Tanzen lernen. Eins, zwei, drei. Viderallala . . .
Der Mann:	5. Zuerst da kommt das Klatschen. Eins, zwei, drei. Viderallala . . .
	6. Und dann kommt schon das Hüpfen. Eins, zwei, drei. Viderallala . . .
	7. Und dann kommt noch das Laufen. Eins, zwei, drei. Viderallala . . .
	8. Und dann noch das Herumdrehn. Eins, zwei, drei. Viderallala . . .
	9. Jetzt tanzen wir zusammen. Eins, zwei, drei. Viderallala . . .

T 21
Heute woll'n wir tanzen.

Spielform: Die Kinder stehen im durchgefaßten Kreis. Sie gehen beim A-Teil in Tanzrichtung und singen dazu. Nun bleiben sie stehen, ein Kind tritt in die Kreismitte und singt auf einem Ton bzw. nach einer eigenen Melodie den entsprechenden Text. Der C- und der D-Teil werden von zwei anderen Kindern gesungen, dazwischen kommt jedesmal der A-Teil, der von allen Kindern gesungen und getanzt wird.
Die Kinder können auch eigene Liedstrophen für die Zwischenteile erfinden.

Text: H. M.

B-Teil:	Ei, da steht ein armer Wicht, dem gefällt das Tanzen nicht. Sagt, er hätt' etwas am Bein, darum macht er sich so klein.
A-Teil:	Heute woll'n wir tanzen . . .
C-Teil:	Platz da! Platz da! Alle tanzen Polka. Platz da! Platz da! Polka ist nicht schwer!
A-Teil:	Heute woll'n wir tanzen . . .
D-Teil:	Lustig hüpfen wir herum, fallen dabei auch nicht um. Tanzen macht uns Spaß, komm, ich zeig dir das!
A-Teil:	Heute woll'n wir tanzen . . .

T 22
Lauf, Dieb, lauf.

Spielform: Jungen und Mädchen stehen paarweise einander zugewandt auf der Kreislinie. Junge mit dem Blick, Mädchen mit dem Rücken zur Tanzrichtung. Beide Hände sind gefaßt. Ein Junge bleibt übrig und auch auf der Kreislinie.

Takt 1- 4: Der alleinstehende Junge hüpft mit 8 Seitengaloppschritten mitten durch den großen Kreis hindurch zu einem anderen Paar.

Takt 5- 8: Hier raubt er sich das fremde Mädchen, faßt es an beiden Händen und hüpft mit ihm auf seinen alten Platz zurück.

Takt 9-16: Der Junge, dem das Mädchen geraubt wurde, hüpft durch den Kreis und raubt sich ein anderes Mädchen. Die anderen klatschen dabei in die Hände.

Dieses Tanzspiel kann beliebig oft wiederholt werden. Durch den schnellen Wechsel der Paare entsteht viel Bewegung, so daß keine Langeweile aufkommen wird.

Text und Melodie: überliefert

T 23
Labata.

Spielform: Alle Kinder stehen im durchgefaßten Kreis, sie bewegen sich in Seitstellschritten auf der Kreislinie in Tanzrichtung. Bei „hei!" setzen sie den linken Fuß stampfend an den rechten Fuß. Jetzt erfolgt die Wiederholung in der Gegentanzrichtung.
Nun fragt der Lehrer oder ein Kind aus der Gruppe: „Habt ihr euch schon an den Händen gefaßt?"
Alle rufen: „Ja!"
Nun wird gefragt: „Habt ihr euch schon an der Nase gezupft?"
Die Kinder rufen: „Nein!"
Dann erfolgt die Aufforderung: „Na, dann los!"

Nach jedem Durchgang erfolgt eine neue Anweisung, z. B. an den Haaren ziehen, auf den Bauch drücken, an den Knien fassen, etc.

Methodischer Hinweis: Von Durchgang zu Durchgang kann das Tempo gesteigert werden, auch die Bewegungsart kann verändert werden. Die Anregungen der Kinder werden dabei natürlich aufgenommen.

Überliefertes Tanzspiel aus Polen

T 24
A ram sam sam (auch als Kanon).

Tanzform: Es werden zwei Kreise mit Handfassung gebildet. Alle blicken zur Kreismitte. Die Kinder des Außenkreises gehen in Tanzrichtung, die des Innenkreises in Gegentanzrichtung. Bei der Wiederholung erfolgt der Richtungswechsel. Beim B-Teil bleiben alle stehen und führen Klanggesten (Klatschen, Stampfen, Patschen, Schnicken) oder Körperbewegungen am Platz (Arm hochheben, Bein hochheben, in die Hocke gehen etc.) aus.

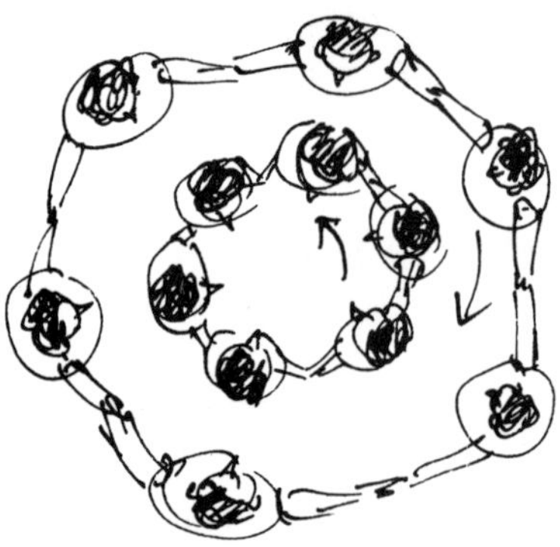

Variation: Es werden zwei Gruppen gebildet, die sich in langen Reihen aufstellen. Der Anführer der 1. Gruppe führt diese durch Gehen, Hüpfen oder Laufen an, indem der A-Teil dazu gesungen wird. Wenn die 1. Gruppe den B-Teil beginnt, setzt die 2. Gruppe mit dem A-Teil, also im Kanon, ein. Jeweils beim B-Teil bleibt die Gruppe stehen und macht dem Anführer die Bewegungen nach, die er ihnen vormacht, z. B. Arme kreisen, Hampelmann, sich drehen, in die Hocke gehen etc. Beim nächsten Durchgang geht der Anführer an den Schluß der Reihe und das 2. Kind jeder Reihe übernimmt dann die Führung.

Tanzspiel aus Belgien

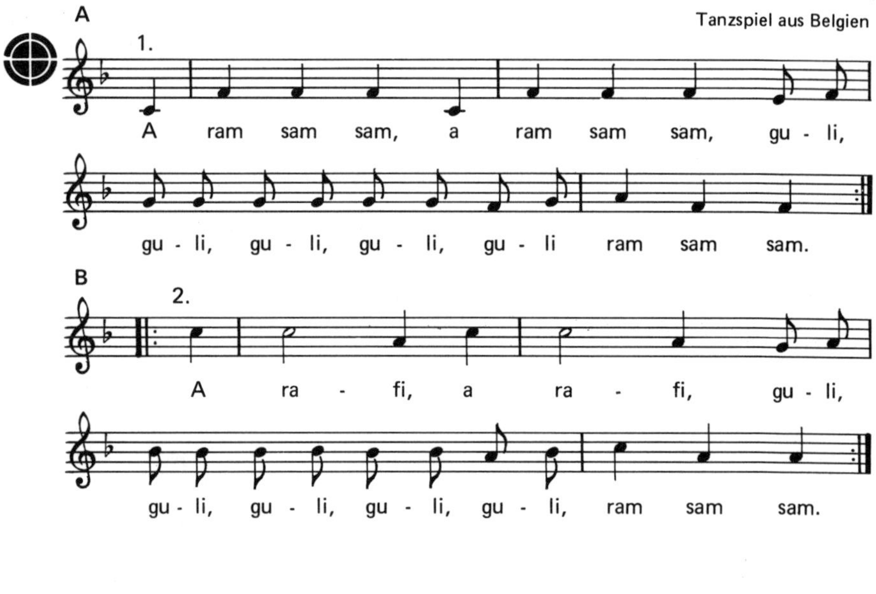

T 25
Trauer über Trauer.

Spielform: Die Kinder bilden einen Kreis, die Hände sind gefaßt. Der Kreis geht langsam in Tanzrichtung. Ein Kind bewegt sich im Kreis in entgegengesetzter Richtung, indem es den Ring sucht. Diesen findet es gegen Schluß der Strophe.

Bei der 2. Strophe hüpft das Kind im Kreis herum, indem es den gefundenen Ring über dem Kopf hin- und herschwenkt. Die Kreiskinder bleiben stehen, sie singen und klatschen dazu.

Bei der 3. Strophe bekommt ein anderes Kind den Ring geschenkt. Beim 2. Teil dieser Strophe („Laßt uns singen . . . usw.") hüpfen alle Kinder lustig im Kreis herum.

Text und Melodie: überliefert

2. Freude, Freude über Freude,
hab gefunden meinen Ring.
Ich will gehen und will sehen,
ob ich ihn verschenken kann.

3. Treue, Treue über Treue,
du sollst tragen meinen Ring.
Laßt uns singen, laßt uns springen,
hei, wie glänzt der goldne Ring!

T 26
Wir tanzen nun den Erntetanz.

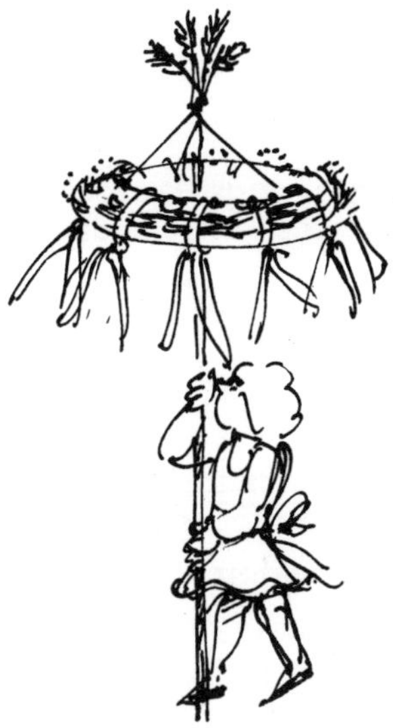

Spielform: Durchgefaßter Kreis mit einem Kind in der Kreismitte, das einen Kranz mit bunten Bändern hochhält. 1. Strophe: Kreis bewegt sich in Tanzrichtung. 2. Strophe: Ein Kind aus dem Kreis geht zu dem Kind mit dem Kranz hin und singt den Text der 2. Strophe alleine vor, die Kreiskinder können die Melodie mitsummen. Nun beginnt das Spiel von vorne.

Text und Melodie: überliefert

2. Ach, schenk mir doch den Bänderkranz, Bänderkranz, Bänderkranz,
für den schönen Erntetanz, Erntetanz.

T 27
Mit den Füßen geht es trapp, trapp, trapp.

Spielform: Kinder stellen sich in zwei Reihen auf, die sich gegenüberstehen.
Takt 1- 2: Stampfen mit den Füßen.
Takt 3- 4: Klatschen mit den Händen.
Takt 5- 6: Mit dem rechten Zeigefinger auf sich selbst und den gegenüberstehenden Partner zeigen.
Takt 7- 8: Einmal um sich selbst drehen.
Takt 9-12: Die beiden Gegenüberstehenden haken die rechten Arme ein und tanzen im Hüpfschritt umeinander herum.
Takt 13-18: Dann links einhängen und herumtanzen.

Hinweis: Wer den letzten Teil im 2/4-Takt mit Instrumenten spielen lassen will, transponiert die Melodie wegen der Blockflöten von D-Dur nach F-Dur, d. h. die Melodie zwei Töne höher setzen, außerdem beachten, F-Dur hat anstatt h den Ton b.

Text und Melodie: im Raum Lübeck verbreitet

T 28
Siebenschritt.

Tanzform: Die Paare stehen auf der Kreislinie (siehe Zeichnung), Hände in Schulterhöhe gefaßt, Blick in Tanzrichtung.

Takt 1-2:	Sieben kurze Laufschritte in Tanzrichtung vorwärts, mit den äußeren Füßen beginnend.
Takt 3-4:	Sieben kurze Laufschritte rückwärts, mit den inneren Füßen beginnend.
Takt 5:	Die Partner machen, mit den äußeren Füßen beginnend, einen Schritt zur Seite – auseinander.
Takt 6:	Genauso zueinander. Dabei werden die gefaßten Hände nicht gelöst.
Takt 7-8:	Beide hängen rechts ein und tanzen in Laufschritten umeinander herum.
Wdhl. von Takt 5-8:	Wird genauso getanzt wie in Takt 5-8 angegeben, doch hängen sich die Paare links ein. Die Jungen gehen nun in Tanzrichtung zum nächsten Mädchen vor, und der Tanz beginnt von vorne.

Aus Österreich

T 29
Wir haben eine Ziehharmonika.

Spielform: Durchgefaßter Kreis, Hände sind in Schulterhöhe gefaßt. Alle gehen 7 Schritte in den Kreis hinein. Bei der Stelle „tschingderassa . . . bum, bum, bum" klatschen alle mit und bei „bum, bum, bum" wird dreimal auf der Stelle gestampft.

Bei der Wiederholung des 1. Teiles gehen alle 7 Schritte rückwärts zum Ausgangsplatz. Die Stelle „tschingderassa, bum" genauso wie weiter oben angegeben. (Der Wechsel zwischen eng und weit ist die „Ziehharmonika".) Der 2. Teil im 6/8-Takt: Alle schunkeln nach rechts und nach links. Danach wird der Anfang wiederholt: hier gehen alle in Tanzrichtung vorwärts, dann bei „tschingderassa . . ." dasselbe ausführen wie oben.

Text und Melodie: überliefert

T 30
Du und ich, wir beide.

Empfehlenswerte Schallplatte:
FF 1173 Singtänze
Cassette FC 18

1. Tanzform: Paarweise eingehakt im großen Kreis, Blick in Tanzrichtung.

Teil A: Die Paare „promenieren" (= spazierengehen) in Tanzrichtung.

Teil B: Weitergehen, bei „ha,ha" wenden sich die Partner zueinander und klatschen zweimal in die Hände.

Teil A: dasselbe wie Teil A

Teil C: Die Partner wenden sich zueinander, er mit dem Rücken, sie mit dem Blick zur Kreismitte gehen aufeinander zu und geben sich die „Rechte". Dann geht der Tänzer in Tanzrichtung weiter zur nächsten Tänzerin. Dieser reicht er die „Linke". Der nächsten Tänzerin reicht er den Arm und promeniert mit ihr weiter.

Der Tanz kann beliebig oft wiederholt werden.

2. Tanzform: Aufstellung wie 1. Tanzform.

Teil A: Wie 1. Tanzform.

Teil B: Alle Tänzerinnen fassen zum großen Außenkreis durch und gehen in Gegentanzrichtung; dabei singen sie „So promenieren wir". Der Innenkreis der Tänzer bewegt sich gleichzeitig mit den Tänzerinnen in Tanzrichtung, er antwortet mit „ha,ha". Bei „Du und ich, wir beide" reicht jeder Tänzer der gerade vor ihm stehenden Tänzerin den Arm und „pomeniert" mit ihr weiter in Tanzrichtung.

Teil C: Wie 1. Tanzform.

T 31
Wir wollen diesen Sommer mal nach Holland gehn.

Tanzform: Die Paare gehen in Tanzrichtung auf der Kreislinie. Dann wenden sie sich zueinander. Die Jungen machen bei „Fischer“ (Takt 10) eine Verbeugung, und die Mädchen bei „Fischersfrau“ (Takt 11+12) einen Knicks. Bei Takt 13+14 zeigen die Mädchen auf ihr „Röckchen“ und die Jungen und Mädchen bei Takt 15+16 auf ihre „Strümpfchen“. Von Takt 17-20 deuten die Jungen die „weiten Hosen“ an. Die Mädchen deuten mit ihren Händen von Takt 21-24 über ihrem Kopf ein „Häubchen“ an und bewegen es hin und her. Dann klatschen von Takt 25-26 alle 4mal in die Hände und von Takt 27-28 stampfen alle 4mal mit ihren Beinen. Takt 29-32: Alle hängen rechts ein und tanzen umeinander herum. Bei der Wiederholung dann links einhängen.
Nun gehen die Jungen in Tanzrichtung zum nächsten Mädchen vor, und der Tanz beginnt von vorne.

Text und Melodie: überliefert

Weitere empfehlenswerte Tanzspiele (Spiellieder), die durch Bewegung dargestellt werden können:

Auf der Brück von Avignon (Sur le pont d'Avignon)
Der Herr, der schickt den Jockel aus
Der Herbst ist da
Der Jahrmarkt hat begonnen
Ein Elefant wollt bummeln gehn
Eine kleine Dickmadam
Es geht eine Zipfelmütz
Es tanzt ein Bi-Ba-Butzemann
Es war einmal ein brauner Bär
Grün, grün, grün sind alle meine Kleider
Ich bin ein Musikante und komm aus Schwabenland
Jetzt steigt Hampelmann
Kranz woll'n wir binden
Muß wandern (Der lustige Springer)
Nix in der Grube
Storch, Storch, Schnibel Schnabel
Wer geht mit nach Rummelskirchen
Wir kommen aus dem Mohrenland
Ziehet durch die goldne Brücke
. . . u.a.
*siehe auch Hinweise im Literatur-Verzeichnis!

13. Methodische Hinweise zum Tanzen mit Kindern

Durch Bewegungs- und Tanzspiele wurden die Kinder bereits mit den Grundbewegungsarten (gehen, laufen, hüpfen etc.) bekannt gemacht, die jetzt auch in den Kindertänzen vorkommen. Jetzt müßten die Kinder dazu fähig sein, beim Anhören von Musik angeben zu können, welche Bewegung hierzu passen könnte.

Wir verstehen unter dem Begriff „Tanz“ die Bewegungsformen, die sich in irgend einer Weise nach Musik bzw. nach einer Tanzanweisung zu richten haben. Hierunter lassen sich also Singtänze, Volkstänze (Folklore aus europäischen und außereuropäischen Ländern), Modetänze und neu geschaffene Kindertänze nach Musik einordnen. Welche Tanzart der Erzieher bzw. Lehrer bevorzugt, bleibt ihm selbst überlassen. Kriterium für seine Auswahl sollte dabei sein, daß das Tanzen den Kindern Spaß macht.

Der Kindertanz weist eine enge Verbindung zum Kinderlied und zum Volkstanz auf, deshalb besteht auch ein enger Bezug zum Gesang, zum Spiel und zur Bewegung. Die gemeinsame lustbetonte Bewegung kann die non-verbale Kommunikation zwischen den Kindern fördern. Auch können die traditionellen und die neu geschaffenen Kindertänze in leichten erfaßbaren Tanzformen die Kinder zur Bewegung und zum Singen anregen, so daß auch schüchterne Kinder immer mehr aus sich herausgehen werden.

Jeder Tanz hat bestimmte Regeln, die von den Kindern bei der Bewegungsausführung eingehalten werden müssen, wenn der Tanz nicht in einem völligen Durcheinander enden soll. Damit hat der Tanz auch die Funktion der Ein- und Unterordnung. Das Führen und das Geführtwerden fördern die Selbständigkeit und das Selbstbewußtsein.

Zusammenfassend folgen hier die Lernziele einer Tanzerziehung im Elementar- und Primarstufenbereich:

- **Verbesserung der Körperbeherrschung, der Körperhaltung, der Geschicklichkeit und der Koordination**
- **Vermittlung von Bewegungserfahrungen**
- **Verbesserung der Konzentrations- und Reaktionsfähigkeit**
- **Verbesserung des sozialen Verhaltens**
- **Stärkung des Selbstbewußtseins**
- **Anregungen zur Kreativität**

In den beiden folgenden Abschnitten können nur einige Tänze für Kinder im Elementar- und Primarstufenbereich mit Melodie und Tanzform aufgezeichnet werden, teilweise wurde auf die Melodie verzichtet, wenn die Musik hierzu auf der Schallplatte vorhanden ist.

Die meisten Schallplatten für Kindertänze (Verlage siehe unten) bringen einliegend oder auf der Schallplattenhülle entsprechende Hinweise zur Tanzbeschreibung. Dieses sind sog. Tanzvorschläge, die der Erzieher oder Lehrer nach Bedarf heranziehen kann. Er ist jedoch daran nicht fest gebunden und kann durchaus eigene Vorschläge zur Gestaltung der Tänze in Zusammenarbeit mit seinen Kindern machen.

Deshalb werden die von mir, von Kolleginnen und Studentinnen vorgeschlagenen Tanzformen ganz bewußt Vereinfachungen bringen, die wir in der Praxis mit Kindern ausprobiert und mit Erfolg bei Elternnachmittagen und Schulfesten getanzt haben.

Weitere Hinweise zur Tanzgestaltung können dem Literaturverzeichnis in der Anlage entnommen werden.

Der Erzieher oder Lehrer sollte bei allen erzieherischen Bemühungen nicht übersehen, daß der Einfluß des Elternhauses in der Erziehung eine große Rolle spielt. Durch das Vorbild der Eltern wird das Kind im Elementar- und Primarstufenbereich am stärksten geprägt. Deshalb sollten auch die Eltern mit dem Medium **„Kindertanz“** vertraut gemacht werden.

Dem Erzieher oder Lehrer, der sich noch unsicher fühlt, wird der Besuch von Tanzlehrgängen nochmals dringend empfohlen.

Auskunft darüber erteilt:
Arbeitskreis für Tanz im Bundesgebiet,
Geschäftsstelle, Tempelhofer Damm 62,
1000 Berlin 42

Schallplattenverlage:
CAL: Calig-Verlag, Landsberger Straße 77, D-8000 München 2
EP + SP: Kögler-Verlag, Postfach 81 03 45, D-7000 Stuttgart 81
FF + FC: Fidula-Verlag, Postfach 12 40, D-5407 Boppard/Rhein
(Fidula liefert auch Kögler-Schallplatten aus.)

14. **Tanzschlüssel** zu Aufstellungsformen, Bewegungsrichtungen, Tanzfassungen und Schrittarten

 = Mädchen  = Junge

1. Aufstellungsformen

Paaraufstellungen:  **= gegeneinander, d. h. Mädchen und Junge stehen sich gegenüber, mit Front zueinander**

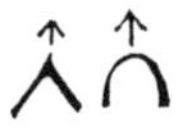 **= nebeneinander, d. h. beide stehen Seite an Seite und blicken in die gleiche Richtung**

 **= hintereinander, d. h. Junge steht hinter dem Mädchen, beide blicken in die gleiche Richtung**

Kreisaufstellungen:

HALBKREIS:

AUSSENKREIS
mit INNENKREIS:

Andere Aufstellungen: **Reihe:** 

Junge und Mädchen stehen nebeneinander.

Gasse: **Reihe 1**
Reihe 2 

Beide Reihen stehen sich gegenüber und blicken sich an.

Schlange oder Kette: **Alle stehen mit gefaßten Händen in der Reihe, der erste führt an und die anderen folgen.**

2. Bewegungsrichtungen:

 Kreis bewegt sich **in Tanzrichtung** oder gegen den Uhrzeiger

Kreis bewegt sich **in Gegentanzrichtung** oder im Uhrzeigersinn 

3. Tanzfassungen:

Paarkreis: J. und M. geben sich beide Hände und halten beide Arme im Kreis.

Offene Fassung: Zwei Kinder stehen als Paar nebeneinander und haben ihre inneren Hände gefaßt.

Zweihandfassung: 2 Kinder stehen einander gegenüber und reichen sich beide Hände.

Kreuzfassung: 2 Kinder stehen vor- oder nebeneinander und geben sich die rechten und linken Hände über Kreuz.

Durchfassen: Die nebeneinander stehenden Kinder geben sich die Hände zum Kreis, zur Reihe.

4. Schrittarten:

Gehschritt: normales, leichtfüßiges Gehen

Hüpfschritt: Den einen Fuß aufsetzen, einmal darauf hüpfen, den anderen Fuß vorschwingen, der dann zum nächsten Hüpfschritt ansetzt

Laufschritt: Mit kleinen, leichten Schritten laufen

Nachstellschritt: Den einen Fuß vor- oder seitwärts setzen, den anderen Fuß nachstellen.

Wechselschritt: Den einen Fuß vor (zurück oder seitwärts) setzen, den anderen Fuß kurz nachstellen und den ersten wieder vor (zurück oder seitwärts) setzen.

Seitgaloppschritt: Schneller seitlicher Nachstellschritt

Stampfschritt: wie der Gehschritt, jedoch kräftiger aufgesetzt

Schlußsprung: auch geschlossener Sprung genannt: nach dem Sprung stehen beide Füße nebeneinander

Anmerkungen zum „Tanzschlüssel":
Sollten Sie Tanzbeschreibungen vorfinden, die Tanzformen vorsehen, die Sie oder Ihre Kinder noch nicht tanzen können, so ändern bzw. vereinfachen Sie, wo Sie nur können.

Hier folgen einige meiner Vorschläge:
Der Polka-Schritt läßt sich durch den Seitgaloppschritt ersetzen.
Der Rheinländer-Schritt kann auch wie der Wechselschritt getanzt werden.
Der Mazurka-Schritt kann durch einen langsamen Hüpfschritt ersetzt werden.
Der Walzer-Schritt kann mit 3 einfachen Gehschritten getanzt werden, denn ein Walzer mit der runden Drehung ist für die Altersstufe noch zu schwer. Auch der Wechselschritt ist als Ersatz für den Walzer-Schritt zu empfehlen.
Der Kreuzschritt (vor-seit-rück-seit), auch **Grapevine-Schritt** genannt, kann durch 2 Nachstellschritte seitwärts vereinfacht werden.
Durch ständiges Mittanzen werden Sie immer mehr Sicherheit bekommen, so daß Sie selbst auf notwendige Vereinfachungen kommen werden. Sie sollten dabei auch stets auf Vorschläge und Ideen Ihrer Kinder zurückgreifen.

15. Kindertänze (K) für 4- bis 7jährige Kinder

K 1
Tanz: Ponypferdchen.

Cassette FC 1

FidulaFON 1191

Aus Portugal
Melodiefassung und Satz: Heinz Lemmermann
Deutscher Text: Lieselotte Holzmeister
Aus: „Die Zugabe", Band 1, Fidula

Methodische Hilfen:

1. Kinder sitzen am Boden und hören die Musik zu „Ponypferdchen" von der Schallplatte. Sie dürfen das Metrum dazu mitklatschen.
2. Sie stellen durch Hören fest, daß zuerst ein Kinderchor singt und dann verschiedene Instrumente spielen:
   1. Abschnitt: **Gesangsteil** 2. Abschnitt: **Instrumentalteil**
3. Jetzt läßt der Erzieher oder Lehrer die Kinder ein zweites Mal die Musik von der Schallplatte aber jetzt mit geschlossenen Augen hören. Dabei sollen sie den Schluß des Gesangsteiles oder den Beginn des Instrumentalteiles durch Armhochheben, durch Klatschen etc. anzeigen.
4. Einen weiteren Weg, die Kinder zum aufmerksamen und intensiven Hören anzuleiten, bietet das Malen zur Musik. Jedes Kind hat ein großes, weißes Blatt vor sich. Alle malen zur Musik: **beim Gesangsteil** mit der einen und **beim Instrumentalteil** mit der anderen Farbe.

Vorgeschlagene Tanzformen:

1. Reifen werden vorher im Raum verteilt. Beim Beginn sitzen die Kinder in einem Reifen, dies soll der „Pferdestall" sein. Wenn zu Beginn der Kinderchor singt, traben sie als „Ponypferdchen" im Raum herum. Zur besseren Darstellung können sie sich an Hand- oder Fußgelenken Schellenbänder umlegen. Beim Instrumentalteil sind alle „Pferdchen" in ihren „Ställen" (Reifen) und ruhen sich aus.

   Variation: Bei den nächsten Durchgängen suchen sich die „Ponypferdchen" immer wieder neue „Pferdeställe" aus.

2. Die Kinder bilden zwei Kreise. **Beim Gesangsteil** bewegen sich die Kinder des 1. Kreises als „Ponypferdchen“ frei durch den Raum. Die Kinder des 2. Kreises begleiten die Musik von der Schallplatte mit sog. Klanggesten (Stampfen, auf die Knie schlagen, schnipsen, mit der Zunge schnalzen etc.) oder mit Schlaginstrumenten (Handtrommel, Klangstäbe, Rassel, halbierte Kokosschalen, Holzblocktrommel etc.).

   Beim Instrumentalteil wird gewechselt. Der 1. Kreis übernimmt jetzt das Mitspielen mit Klanggesten oder Schlaginstrumenten, der 2. Kreis läuft als „Ponypferdchen“ im Raum herum.
   Beim nächsten Durchgang erfolgt dann wieder der Wechsel.

3. Die Kinder bilden wieder 2 Kreise, diesmal aber einen Außen- und einen Innenkreis. Die Kinder des Außenkreises bilden den „Pferdestall“, sie haben die Hände gefaßt. Damit der Stall nicht nur auf der Stelle stehenbleibt, läßt man die darstellenden Kinder nach rechts und nach links im Kreis bewegen und zwar beim Gesangsteil.

   Im Innenkreis sind die Kinder als „Ponypferdchen“. Sie ruhen sich aus, sie fressen Futter, sie saufen Wasser etc. Wenn der Kinderchor nun zu singen aufhört und **der Instrumentalteil** beginnt, öffnen die Kinder des Außenkreises die Stalltüren durch Hochheben der Arme, und die „Ponypferdchen“ dürfen heraus ins Freie, um außerhalb des Kreises im Raum frei herumzulaufen.

   Wenn dann **der Gesangsteil** wieder beginnt, werden die Stalltüren geschlossen, und alle „Pferdchen“ sollten jetzt wieder in den Stall zurückkommen. Wer nicht mehr hereinkommt, bleibt eben draußen und wartet ab, bis beim nächsten Durchgang die „Ponypferdchen“ wieder ins Freie kommen.

4. Paare bilden, die sich verteilt im Raum aufstellen, ein Kind ist das Pferd und das andere Kind der Kutscher. Ein Hüpfseil als Zügel nehmen. **Beim Gesangsteil** lenken die Kutscher ihre Pferde, die nach der Musik laufen, frei im Raum umher. **Beim Instrumentalteil** können sich Pferde und Kutscher in einem Stall (z. B. in einem Reifen etc.) ausruhen.
   Der nächste Durchgang kann einen Rollenwechsel bringen, d. h. Kutscher werden Pferde und umgekehrt. **Variation: Beim Instrumentalteil** bringen die Kutscher ihre Pferde in den Stall. Dann gehen sie sich ein neues Pferd aussuchen und lenken dieses beim nächsten **Gesangsteil.**

Anmerkung:
Die meisten Schallplatten mit Kindertänzen bringen diesen Aufbau:
- Gesangsteil
- Instrumentalteil

Mit dem Kindertanz „Ponypferdchen“ wollte ich exemplarisch einige Ideen und methodische Hilfen vermitteln, die dann auch auf andere Kindertänze übertragbar sind.
Vergessen Sie auch nicht, Ihre Kinder zur Tanzgestaltung heranzuziehen. Sie werden erstaunt sein, welche guten Vorschläge sie selbst machen können!

K 2
Bruder Jakob
(Tanz-Kanon).

- Den Kanon zunächst einstimmig, dann mehrstimmig singen lassen. Die senkrechten Pfeile geben die Einsätze für das Singen im Kanon an. Der Erzieher sollte zufrieden sein, wenn Kinder dieser Altersgruppe es schaffen, den Kanon zweistimmig zu singen.
- Diese Melodie kann von den Kindern auch auf den französischen, englischen, spanischen und türkischen Text gesungen werden:

a) Frère Jacques, frère Jacques, dormez vous, dormez vous?
   Sonnez les matines, sonnez les matines, ding, dang, dong.
   (französisch)

b) Are you sleeping, are you sleeping, brother John, brother John?
   Morning bells are ringing, morning bells are ringing, ding, dang, dong.
   (englisch)

c) Montanero, montanero, sol el sol, sol el sol,
suenan las campanas, suenan las campanas, ding, dang, dong.
(spanisch)

d) Kardes Yakup, Kardes Yakup, Yine uyuyor, Yine uyuyor,
Zili duymadi, zili duymadi. Ding, dang, dong . . .
(türkisch)

Aufstellung: Die Kinder stehen sich in 2 Reihen gegenüber (s. Zeichnung). Abstand: 8 Gehschritte (ca. 4 Meter).

Schrittarten: Gehschritt, Seitstellschritt

Tanz-Vorschlag:

Takt 1- 4: 4 Gehschritte vorwärts und 4 Gehschritte rückwärts
Takt 5- 8: 2 Seitstellschritte (s. Erklärung unten) nach rechts und 2 Seitstellschritte nach links)
Takt 9-12: Eine ganze Drehung nach rechts herum, d. h. die Kinder drehen sich auf ihrem Platz einmal nach rechts herum.
Takt 13-14: 1mal mit den Fingern schnicken
1mal mit den Händen klatschen
1mal mit dem rechten Fuß stampfen
Takt 15-16: wie Takt 13-14

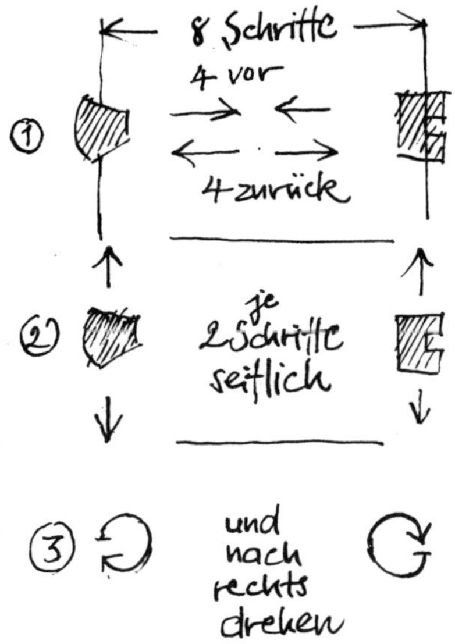

Erklärung: Der Seitstellschritt, in manchen Tanzbeschreibungen auch Anstellschritt genannt, nach rechts wird z. B. so ausgeführt, daß der rechte Fuß einen Schritt nach rechts zur Seite gestellt wird, dann wird der linke Fuß an den rechten herangezogen.

Anmerkungen zur Methodik:

- Zuerst wird die einstimmige Fassung mit allen Kindern gesungen und getanzt.
- Nun können die beiden Reihen im Kanon, also nacheinander, einsetzen. Nachdem die 1. Reihe 4 Takte gesungen und getanzt hat, setzt die 2. Reihe ein (s. Pfeile).
  Vorher sollte der Erzieher mit den Kindern absprechen, wieviel Mal der Kanon durchgesungen und getanzt wird (2mal, 3mal . . . etc.).
- Dieser Kanon kann auch in 4 Gruppen gesungen und getanzt werden (s. Zeichnung):
  Zuerst beginnt die 1. Gruppe. Nach jeweils 4 Takten erfolgt der Einsatz der Gruppen 2, 3 und 4.
- Jeder andere Kanon kann nicht nur gesungen, sondern auch getanzt werden. Der Erzieher sollte zusammen mit den Kindern versuchen, eine eigene Bewegungs- bzw. Tanzgestaltung von Kanons durchzuführen.

K 3
Tanz:
Kindergarten-Mixer.

Schallplatte: FidulaFON 1196

nach dem Kinderlied:
„Es tanzt ein Bi-Ba-Butzemann"

Gliederung der Musik auf der Schallplatte:

1. Vorspiel =	4 Takte
2. Liedstrophe =	16 Takte
3. Instrumental-Zwischenspiel =	16 Takte
insgesamt:	3 Durchgänge

1. Überlieferte Tanzform

Aufstellung: Die Kinder fassen sich an und bilden einen Kreis. Im Kreis steht ein Kind als „Bi-Ba-Butzemann".

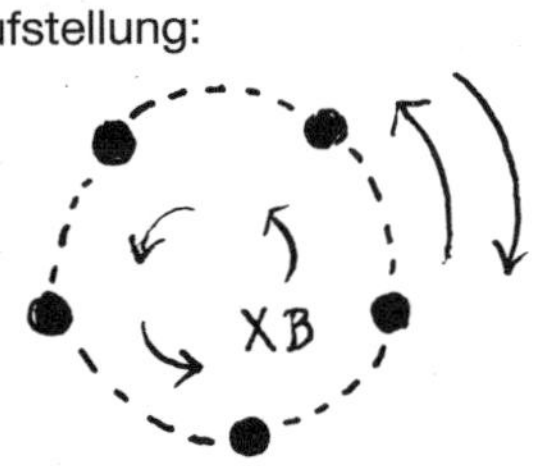

Teil A:
Takt 1- 4: Der Kreis bewegt sich in Tanzrichtung.
Takt 5- 8: Dasselbe in Gegentanzrichtung. (Das Kind im Kreis tanzt in Hüpfschritten herum.)

Teil B:
Takt 9-12: Die Kinder „rütteln" und „schütteln" sich, sie „werfen das Säcklein" über die Schulter auf ihren Rücken.
Takt 13-16: wie Takt 1-4.

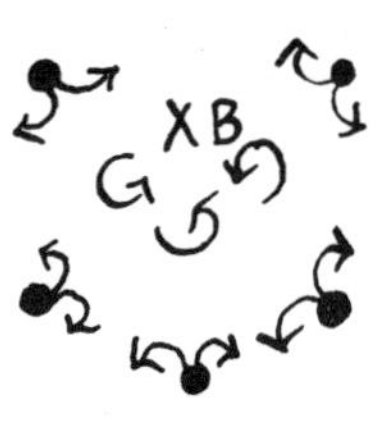

Der „Butzemann" geht nun auf ein Kind des Kreises zu und gibt ihm die Hand. Dies ist dann der neue „Butzemann".

2. Tanzform:
Aufstellung: Einzeln, frei im Raum verteilt.
Schrittarten: Gehschritt oder Kinderhüpfschritt, Schlußsprung

Vorspiel Teil A:
Takt 1- 2: Die rechte Hacke und die linke abwechselnd je 1mal schräg nach vorn stellen.
Takt 3- 4: 4 Schritte vorwärts gehen.
Takt 5- 8: Wiederholung von Takt 1-4.

Teil B:
Takt 9-10: 2 Schlußsprünge auf der Stelle.
Takt 11: In die Hocke gehen.
Takt 12: Wieder aufrichten.
Takt 13-16: Wiederholung von Takt 9-12.

3. Tanzform:
Aufstellung: Die Kinder stellen sich paarweise auf der Kreislinie auf, die Innenhände sind gefaßt. Blick in Tanzrichtung.

Vorspiel Teil A:
Takt 1- 4: Paare gehen 8 Schritte in Tanzrichtung, dann drehen sie nach innen.
Takt 5- 8: Dasselbe in Gegentanzrichtung.

Teil B:
Takt 9-12: Die Paare machen die entsprechenden Bewegungen, passend zum Liedtext.
Takt 13-16: Wie Takt 1-4.

Beim Instrumental-Zwischenspiel trennen sich die Paare und hüpfen einzeln im Raum herum. Zu Beginn des 2. Durchgangs wählen die Kinder einen neuen Partner aus, mit dem dann der Tanz wieder von vorne beginnt.

K 4
Tanz: Trat ich heute vor die Türe (Cha-cha-cha).

Schallplatte: FidulaFON 1191
Cassette 1

Text: Christel Süssmann
Melodie: Heinz Lemmermann

3. Max, der Esel und die Schweine
tanzten sehr vergüngt zu dritt.
Selbst die dicke Kuh Babette
wiegte sich im Walzerschritt.

4. Mieze bellte, Karo schnurrte,
und die Ziege auf dem Mist
krähte sich die Kehle heiser,
weil doch heute Fastnacht ist.

Vereinfachte Tanzform: H. M.
Aufstellung: Die Kinder stehen im durchgefaßten Kreis.

Vorspiel:
Takt 1- 4: Die Kinder gehen in Tanzrichtung im Kreis herum (8 Schritte),
Takt 5- 8: dasselbe in Gegentanzrichtung (8 Schritte).
Takt 9-16: Die Kinder hüpfen einzeln im Raum herum.

Zu Beginn der 3. Strophe bilden alle Kinder wieder einen Kreis.

Variation:
Takt 9-16: Die Kinder hängen sich paarweise rechts und dann links ein, sie hüpfen so im Paarkreis herum.

Anmerkung: Die auf der Plattenhülle angegebene Tanzform von Hannes Hepp ist etwas schwieriger und eignet sich erst für 9- bis 10jährige Kinder.

K 5
Tanz: Wir schließen das Tor.

von Thilde Lorenz, aus „Der Zippelzappelmann", Fidula

Schallplatte: FidulaFON 1170 ✻ FC 14

Aufstellung:	Die Kinder stellen sich in 2 Reihen gegenüber auf und bilden so eine Gasse, auf der einen Seite die Mädchen, auf der anderen die Jungen.
Teil A:	Beide Reihen gehen aufeinander zu und singen dabei: „Wir schließen das Tor", dabei erheben sie die Arme zu einem Tor. Dann gehen die beiden Reihen rückwärts auseinander und singen: „Wir öffnen das Tor". Ein Kind oder der Erzieher ruft zwei sich gegenüberstehende Kinder auf, die sich mit gefaßten Händen an den Anfang der Gasse stellen.
Teil B:	Beide Kinder tanzen mit Seitgaloppschritten durch die Gasse, dabei singen die anderen Kinder und klatschen den Takt dazu. Bei der Stelle „nun auf Wiedersehn" geben sich die beiden Kinder die Hand, sie gehen auseinander und schließen sich ihrer Reihe wieder an, dabei rücken die anderen Kinder auf. Der Tanz beginnt von vorne.

K 6
Tanz: Sascha.

Aus Rußland
Text: A. B. Kraus

Schallplatte: FidulaFON 1193
Cassette FC 1

Aufstellung: Die Kinder stehen verteilt im Raum.

Text	Takt	
„Sascha, Sascha" (Vorspiel)	1-2	Kinder rufen dies und heben dabei zweimal schnell die Arme hoch.
„Ras, twa, tri"	3-4	Dreimal in die Hände klatschen
(Vorspiel)	5-8	Abwechselnd auf die Knie schlagen und dreimal stampfen.
„Sascha geizte . . ."	1-8	Einzeln im Raum herumhüpfen.
„Nja, nja, nja . . ."	1-8	Auf der Stelle nach rechts und nach links herumhüpfen.
„La, la, la . . ."	1-8	Zu Zweit einhängen und herumhüpfen.

K 7

Tanz: Pfeifer Tim.

Schallplatte: FF 1193
Cassette FC 1

Aus Irland
Deutscher Text: Lieselotte Holzmeister

2. Mit ihm feiern wir die Feste, daß bald tanzen alle Gäste,
spielt er auf für uns das Beste – Pfeifer Tim aus Irland.
Dudelsack von früh bis spät ist zum Pfeifen aufgebläht.
Niemand einen Tanz verschmäht. Kennt ihr solchen Pfeifer?

3. Wenn er wandert auf der Straße, alle Vögel ihn zum Spaße,
zwitschern rund um seine Nase – Pfeifer Tim aus Irland.
Drossel, Lerche und der Fink singen mit auf seinen Wink,
und sein Schritt bleibt froh und flink – Pfeifer Tim aus Irland.

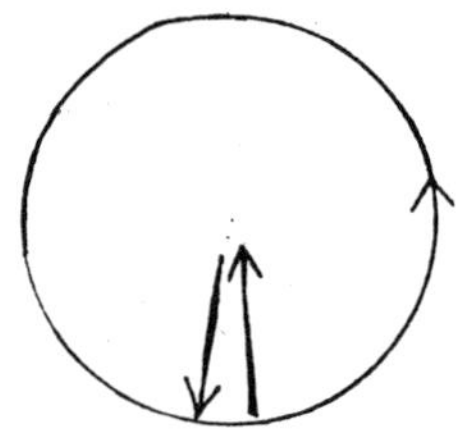

Aufstellung: Die Kinder bilden paarweise einen durchgefaßten Kreis.

2 Takte Vorspiel

Takt 1- 4: Der Kreis bewegt sich in 16 Schritten in Tanzrichtung

Takt 5- 6: In 4 Gehschritten vorwärts in Richtung Kreismitte
und in 4 Gehschritten rückwärts zurück zum Ausgangsplatz.

Takt 7- 8: Dasselbe wie Takt 5-6.

Instrumental-Zwischenspiel:

Takt 1- 2: Handtour rechts (Erklärung s. weiter unten)
Takt 3- 4: Handtour links (Erklärung s. weiter unten)
Takt 5: 3 Schritte auseinander gehen und zwei Klatscher
Takt 6: 3 Schritte aufeinander zugehen und zwei Klatscher
Takt 7: wie Takt 5
Takt 8: wie Takt 6, aber ohne die beiden Klatscher.
Takt 9-12: Einzeln im Raum herumgehen.
Takt 13-16: Einzeln im Raum herumhüpfen.
Wenn der Kinderchor die 2. Strophe zu singen beginnt, wird kurz vorher wieder paarweise ein Kreis gebildet.

Erklärung: Handtour (auch Handstern genannt) rechts, d. h. die Paare reichen sich die rechte Hand bzw. legen die rechten Handflächen aneinander. Die Unterarme sind leicht angewinkelt und werden etwa in Augenhöhe gehalten. Die Paare umtanzen sich am Platz.
Handtour links: Dasselbe wird mit den linken Händen und Armen ausgeführt.

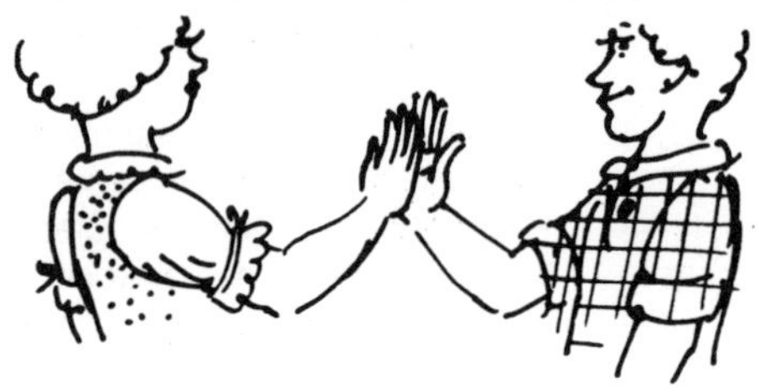

K 8
Tanz: Trampelpolka.

Aufstellung: Jungen und Mädchen stehen sich gegenüber auf der Kreislinie, J. mit Rücken, M. mit Blick zur Kreismitte ohne Fassung.

Schrittarten: Gehschritt, Seitgalopp

Tanzform:

Takt 1: Beide trampeln dreimal auf der Stelle.
Takt 2: Beide klatschen dreimal in die Hände.
Takt 3+ 4: Zweihandfassung. Beide tanzen im Paarkreis mit 4 Gehschritten nach links einmal herum. Fassung wieder lösen.
Takt 5- 8: wie Takt 1-4. Die Fassung beim Paarkreis wird jetzt beibehalten.
Takt 9-12: Beide tanzen in Seitgaloppschritten auf der Kreislinie in Tanzrichtung.
Takt 13-16: Dasselbe wieder zurück auf den Ausgangsplatz.
Das Mädchen geht jetzt einen Platz weiter vor, und der Tanz beginnt von vorne mit dem neuen Partner.

Anmerkungen zur Methodik:

- Als Vorübung zum Seitgalopp sollten Seitstellschritte in Tanz- und in Gegentanzrichtung ausgeführt werden. Seitstellschritt in Tanzrichtung: Der Junge stellt seinen linken Fuß, das Mädchen seinen rechten Fuß einen Schritt zur Seite. Dann wird der andere Fuß herangezogen. Seitstellschritt in Gegentanzrichtung: Die gleiche Bewegung, nur beginnt der Junge jetzt mit rechts und das Mädchen mit links. Wenn nun die Seitstellschritte schnell ausgeführt werden, ist dieses dann der sog. Seitgalopp.
- Ausprobieren lassen, ob die Kinder diesen Tanz gleichzeitig singen und tanzen können. Falls dies Schwierigkeiten machen sollte, 2 Gruppen bilden: eine Sing- und eine Tanz-Gruppe.

K 9
Tanz: Hier kommt mein Freund.

Aufstellung: Junge und Mädchen stehen sich auf der Kreislinie gegenüber; dabei sieht der J. in Tanzrichtung, das M. in Gegentanzrichtung

Schrittarten: Gehschritt

Tanzform:

Takt 1-4 m. Wdhl.: Eine Kette auf der Kreislinie gehen, d. h. Junge und Mädchen geben sich die rechte Hand, sie gehen rechtsschultrig aneinander vorbei, dann reichen sie dem entgegen-

	kommenden Partner die linke Hand und gehen linksschultrig aneinander vorbei . . . usw. Wenn die Wiederholung der Takte 1-4 zu Ende geht, bleiben die neuen Partner voreinander stehen.
Takt 5 m. Wdhl.:	Der Junge trampelt, und das Mädchen klatscht dem Text entsprechend.
Takt 6-7 m. Wdhl.:	Auf der Textstelle „hüte dich" drohen sich beide aus Spaß mit dem linken, dem rechten und wieder dem linken Zeigefinger. Bei **„schlag ich dich"** schlagen beide die rechten Hände aneinander und drehen sich dann auf der Stelle einmal ganz herum. Dann beginnt der Tanz wieder von vorne.

Anmerkungen zur Methodik:

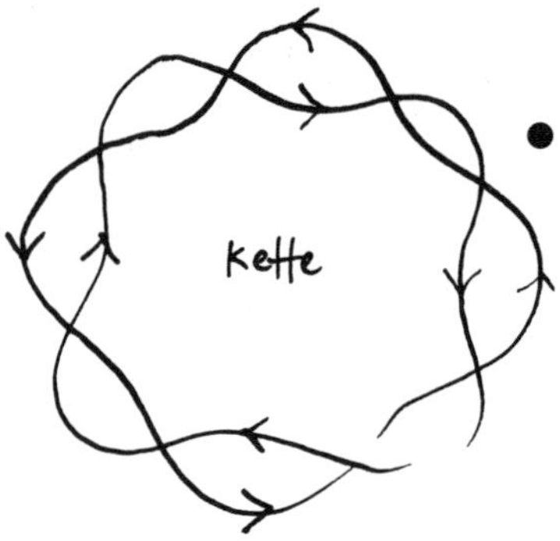

- Die Kette muß natürlich vor der Ausführung des Tanzes mit allen Kindern geübt werden. Damit jedes einzelne Kind weiß, wie es bei der Kette zu gehen hat, geht es den Weg um die auf der Kreislinie stehenden Kinder herum. Eine Zeichnung könnte dies auch noch veranschaulichen helfen. Als nächster Schritt kommt nun noch das abwechselnde Handgeben rechts und links hinzu.
- Sollte für die Kinder die Kette zu schwer sein, könnte diese durch folgende Bewegungsform ersetzt werden:
  Takt 1-4: Die Kinder stehen paarweise auf der Kreislinie, die Innenhände sind gefaßt, beide blikken in die Tanzrichtung. Beide gehen nun vorwärts in Tanzrichtung. Gegen Ende von Takt 4 machen die Mädchen eine halbe Drehung über die rechte Schulter, sie gehen die Wiederholung von Takt 1-4 nun in Gegentanzrichtung, die Jungen gehen jedoch alleine weiter in Tanzrichtung, bis alle am Ende von Takt 4 vor einem neuen Partner stehen. Takt 5-7 werden so, wie oben angegeben, getanzt.

K 10
Tanz: Der Spielmann.

Norddeutschland

2. Der Spielmann . . . kümmet (kommet) aber noch.
   Denn ohne die Musik kann das Mädchen sich nicht drehn.
3. Der Spielmann . . . kümmet aber noch.
   Denn ohne die Musik kann der Bursche sich nicht drehn.
4. Der Spielmann . . . kümmet aber noch.
   Denn ohne die Musik kann die Hochzeit ja nicht sein.

Aufstellung:	Die Kinder stellen sich paarweise nebeneinander auf die Kreislinie, sie blicken alle zur Kreismitte, die Hände sind gefaßt.
Schrittarten:	Gehschritt, Hüpfschritt

Tanzform:

Takt 1- 2: Alle kreuzen abwechselnd den rechten Fuß vor dem linken und den linken Fuß vor dem rechten, dabei wird die Fußspitze nur kurz auf den Fußboden getippt.
Takt 3- 4: dasselbe wie Takt 1-2. Gegen Ende des 4. Taktes wird die Fassung gelöst, und Junge und Mädchen wenden sich zueinander.
Takt 5- 6: Beide klopfen sich bei „hei kümmet aber noch" gegenseitig mit der rechten Hand auf die linke Schulter.
Takt 7- 8: Jetzt drehen sie sich zum nebenstehenden Partner um und klopfen ihm ebenso auf die Schulter.
Takt 1- 8: dasselbe wie Takt 1-8.
Wiederholung
Takt 9-16: Die Paare reichen sich jetzt beide Hände und hüpfen im Paarkreis nach links
Takt 9-16: und nach rechts herum.
Wiederholung
Takt 17-18: Wieder durchfassen zum Kreis. 4 Gehschritte vorwärts zur Kreismitte, dabei werden die Arme langsam hoch gehoben.
Takt 19-10: 4 Gehschritte rückwärts zum Ausgangsplatz zurück, dabei werden die Arme wieder gesenkt.

2. Strophe

Takt 1- 8: wie Takt 1-8 der ersten Strophe.
Takt 9-16: Die Jungen knien, klatschen im Takt, und die Mädchen hüpfen um sie herum, erst nach links,
Takt 9-16: dann nach rechts herum.
Takt 17-20: wie Takt 17-20 der ersten Strophe.

3. Strophe

Takt 1- 8: wie Takt 1-8 der ersten Strophe.
Takt 9-16: Jetzt knien die Mädchen, und die Jungen hüpfen um sie herum.
Takt 17-20: wie Takt 17-20 der ersten Strophe.

4. Strophe

Takt 1- 8: wie Takt 1-8 der ersten Strophe.
Takt 9-16: Durchfassen im Kreis. Alle Kinder hüpfen im Seitgalopp nach links und nach rechts herum.
Takt 17-20: wie Takt 17-20 der ersten Strophe.

Anmerkungen zur Methodik:

- Das Knien wird nur mit einem Knie ausgeführt. Der Erzieher sollte es den Kindern freistellen, ob sie sich auf das linke oder rechte Knie hinknien wollen.
- Der Seitgalopp dürfte keine Schwierigkeiten mehr machen, wenn er schon bei der „Trampelpolka" (s. unter Nr. 65) geübt worden ist.

K 11
Tanz: Siebensprung.

FF 1216 / FC 24

Holstein

Aufstellung: Kinder fassen zu einem großen Kreis durch, Gesicht zur Kreismitte.

Schrittarten: Hüpfschritte

Tanzform: Takt 1-4: Der Kreis bewegt sich in 7 Hüpfschritten (daher der Name: Siebensprung!) in Tanzrichtung herum

Takt 5-8: 7 Hüpfschritte in Gegentanzrichtung
Takt 9: Der Kreis bleibt stehen. Alle setzen den rechten Fuß vor und zurück, sie singen dabei: „Dat is eenmal". Dann beginnt der Tanz von vorn.

Beim 2. Durchgang setzen alle zuerst den rechten, dann den linken Fuß vor und zurück, sie singen dabei: „Dat ist eenmal, dat is tweemal!"
Bei den folgenden Strophen kommen hinzu:
„Dat is dreemal" . . . rechtes Knie auf den Boden
„Dat ist veermal" . . . linkes Knie auf den Boden
„Dat is fifmal" . . . Hände loslassen und den rechten Ellenbogen auf den Boden stützen
„Dat is sößmal" . . . Linken Ellenbogen auf den Boden
„Dat is sebenmal" . . . Mit der Stirn den Fußboden berühren

Anmerkungen zur Methodik:

- Die Kinder können auch bei Takt 1-8 frei im Raum herumhüpfen, um dann bei Takt 9 die entsprechenden Bewegungen (s. oben) auszuführen.
- Bei Takt 9 können sich die Kinder auch eigene Bewegungen ausdenken und diese ausführen.

K 12
Tanz: Rummelbummel.

von Thilde Lorenz, aus „Rummelbummel", Fidula

Schallplatte: FidulaFON 1229 – Cassette FC 15

2. Eine alte Hexe, die rührt im Topf herum . . .
3. Eine fette Kröte, die dreht sich dreimal um . . .
4. Eine dicke Hummel, die macht ein laut Gesumm . . .
5. Eine gelbe Rübe, die fällt auf einmal um . . .

1. Tanzform
nach Thilde Lorenz

Die Kinder gehen mit dem Erzieher oder Lehrer angefaßt im Kreis herum. Während er das Lied singt, werden die einzelnen Bewegungen dazu ausgeführt. Bei der Stelle „Kam er an ein kleines Haus" bleiben alle stehen, klopfen auf den Boden, machen einen Katzenbuckel, hüpfen am Platz herum und klatschen dazu, wenn es heißt „Und die Trommel und die Trommel, die macht rumbumbum." Die letzte Zeile „Und die Katze die geht mit" wird zunächst weggelassen, ebenso die Schlußzeile „Und das Liedchen, das ist aus, rumbum."

2. Tanzform
nach Thilde Lorenz

Ein Kind geht mit einer Trommel im Kreis spazieren, während die übrigen Kinder zusammen mit dem Erzieher oder Lehrer angefaßt im Kreis um den Trommler herumgehen. Der Trommler bleibt vor einem Kind stehen und klopft „an die Haustür“ (= Trommel). Dieses Kind ist nun die Katze „und macht den Buckel krumm“. Während der Trommler danach bei „Und die Trommel“ auf sein Instrument schlägt, drehen sich alle Kinder am Platz herum. Dazu wird im Takt in die Hände geklatscht. Anschließend folgt die Katze dem Trommler, indem sie schleicht und ab und zu „miau“ schreit.

Die nächsten Strophen werden gesungen und dem Text entsprechend in die Bewegung umgesetzt, so daß nach der 4. Strophe Katze, Hexe, Kröte und Hummel hinter dem Trommler hergehen. Nach der letzten Strophe tanzen alle um die auf dem Boden liegende „gelbe Rübe“ herum.

K 13
Tanz: Im Kuckucksland.

Schallplatte: FidulaFON 1229 – Cassette FC 15

von Thilde Lorenz, aus „Rummelbummel“, Fidula

2. Wir nehmen ein Rhabarberblatt, schnick-schnack,
und reiten auf den Ararat, schnick-schnack!
Wir ri-ra-ri-ra-reiten, reiten, reiten,
wir ri-ra-ri-ra-reiten den lieben langen Tag.

3. Wir fangen uns ein Spinnweb ein, schnick-schnack,
und tanzen drauf im Sonnenschein, schnick-schnack!
Wir ti-ta-ti-ta-tan-zen, tanzen, tanzen,
wir ti-ta-ti-ta-tan-zen den lieben langen Tag.

1. Tanzform
nach Thilde Lorenz

Die Kinder stehen zusammen mit dem Erzieher oder Lehrer verteilt im Raum. Und da im Kuckucksland alles anders ist als bei uns, geht man dort auch anders, z. B. ganz steif gehen oder ganz krumm gehen oder wie ein Betrunkener hin- und hertorkeln etc. Der Erzieher oder Lehrer singt dazu die 1. Zeile des Liedes. Bei der Stelle „verhext“ springen alle hoch und bilden ein „Denkmal“, d. h. sie nehmen stehend, kniend oder liegend eine bestimmte Pose ein wie eine Demkmalsfigur. An dieser Stelle wird der Gesang unterbrochen. Erst auf „dideldext“ werden die Kinder wieder „erlöst“ und bewegen sich weiter vorwärts, bis erneut „verhext“ erklingt. Wieder entsteht ein Denkmal, das aber jetzt in ein Segelschiff verwandelt wird. Die Kinder halten den einen Arm hoch und den anderen tief als Segel und segeln durch den Raum, bis die Melodie endet. Nun beginnt das Lied von vorne. Das Reiten auf dem Stengel eines Rhabarberblattes und das Tanzen auf einem Spinnweb schließen sich entsprechend in der 2. und 3. Strophe an.

2. Tanzform
nach Thilde Lorenz

Können sich die Kinder schon in der Reihe hintereinader aufstellen, dann sollten sie in Gruppen zu 4 bis 6 Kindern das Lied tanzen. Das vordere Kind führt, die übrigen haben die Hände bei ausgestreckten Armen auf die Schulter des Vordermannes gelegt. Auf „verhext“ wird diese Fassung gelöst, und alle springen aus der Reihe heraus in das „Denkmal“, um sich auf „dideldext“ wieder in die ursprüngliche Ordnung zu begeben. Die drei Strophen werden danach jeweils wieder frei im Raum getanzt ohne Bindung an die Gruppe.

Anmerkung:

Ein weiteres Beispiel zum Thema „verhext bzw. verzaubert“ kann der mexikanische Kindertanz **„La munequita“ FF 3065** und **FF 3066** sein:

K 14
La muñequita
(= Das Püppchen)

Schallplatte: FidulaFON 3065
Cassette FC 10

Aus Mexiko
Deutscher Text: Hiltraud Reckmann, aus „La Vibora", Fidula

3. Schaut, mein Püppchen hat ein weißes Jäckchen an, mit sechs silberfunkelblanken Knöpfen dran.
4. Schaut, mein Püppchen hat zwei blanke Schuhchen an, mit zwei langen kunterbunten Schnüren dran.
5. Schaut, mein Püppchen mit den Knöpfchen nicken kann, wenn du willst, dann lächelt es dich freundlich an.

Tanzidee: Abwechslung zwischen einer steif tanzenden Holzpuppe, die nur bestimmte Bewegungen machen kann, und einer entzauberten Puppe, die freibeweglich ist.

K 15
„Puste-Tanz".

Schallplatte: FidulaFON 1260
Cassette FC 15

(Original: „Schot" = Kindertanz aus Polen)

Aufstellung: Die Kinder stellen sich in einer Gasse auf (siehe „Tanzschlüssel" S. 48)

1. Tanzform: nach Madgalena Wieler

1. Teil: Alle K. pusten abwechselnd nach rechts und links, dreimal kurz (♪♪♩), dabei wird die linke und rechte Hand jeweils seitlich an den Mund gehalten (insgesamt: 16mal).

2. Teil: Die Reihen fassen durch und führen 3 Seitgaloppschritte nach rechts aus, dann dreimal stampfen.
3 Seitgaloppschritte nach links und am Ausgangsplatz dreimal stampfen.

Aufstellung: wie 1. Tanzform

2. Tanzform:

1. Teil: Abwechselnd nach rechts und links klatschen, dreimal kurz (♪♪♩); dann dreimal auf das rechte und das linke Knie schlagen (alles wird noch zweimal wiederholt).

2. Teil: Die Reihen fassen durch, 3 Anstellschritte seitwärts nach rechts und dreimal klatschen, dann dasselbe zurück zum Ausgangsplatz.

K 16
„Tücher-Tanz"

(Original: Jägermarsch „Der Dielenkracher" v. Hans-Günter Lenders)

Schallplatte FidulaFON 1266
Cassette FC 16

Vorbemerkungen:

1. In Österreich und in Süddeutschland wird der „Jägermarsch" von Erwachsenen und Jugendlichen zu Paaren im Kreis getanzt.
Im 1. Teil (2/4-Takt) gehen die Paare in Tanzrichtung im Kreis herum. Bei der Wiederholung dieses Teiles verabschieden sich die Tänzerinnen von ihren Partnern, sie führen eine halbe Drehung aus und gehen nun weiter in Gegentanzrichtung herum, während die Tänzer weiter in Tanzrichtung im Kreis herumgehen.
Beim 2. Teil des Tanzes (3/4-Takt) wird mit dem gerade entgegenkommenden Partner **ein Walzer** getanzt.
2. Mit Kindern dieser Altersstufe wird es noch nicht möglich sein, einen richtigen Walzer zu tanzen. Doch **den Taktwechsel,** zuerst 2/4- dann 3/4-Takt, können wir den Kindern durch Hören und Bewegen bewußt machen und erfahren lassen. Auf diese Weise entstand der von Kindern so genannte **„Tücher-Tanz",** dessen vereinfachte Tanzform ich hier im Anschluß darstellen möchte.
3. Da Kinder gerne mit bunten, farbigen Tüchern hantieren, würde ich empfehlen, für jedes Kind ein Tuch anzuschaffen bzw. anfertigen zu lassen. Jedes Tuch sollte quadratisch sein und die Größe

60 x 60 cm haben. Tücher aus Seide sind natürlich sehr teuer, wesentlich billiger sind Tücher aus Taft oder Chiffon.

Vereinfachte Tanzform: Ehe die Schallplatte angestellt wird, verteilt der Erzieher oder Lehrer die Tücher im Raum, indem er sie auseinander gebreitet auf den Fußboden legt.

1. Teil: (2/4-Takt): Alle Kinder gehen um die Tücher im Raum herum. Aufpassen: Auch bei der Wiederholung des 1. Teiles wird weitergegangen, evtl. das Metrum hierzu klatschen lassen.

2. Teil: (3/4-Takt): 2-4 Kinder nehmen das Tuch hoch und schwingen es zur Musik. Wenn dann beim 2. Durchgang wieder die Musik mit dem 2/4-Takt zu hören ist, werden die Tücher wieder auf den Boden gelegt, und alle gehen um sie herum.

K 17
Tanz: Tanz, Maruschka.

Aus Jugoslawien
Deutscher Text: R. B. Schindler

Schallplatte: FidulaFON 1191
Cassette FC 1

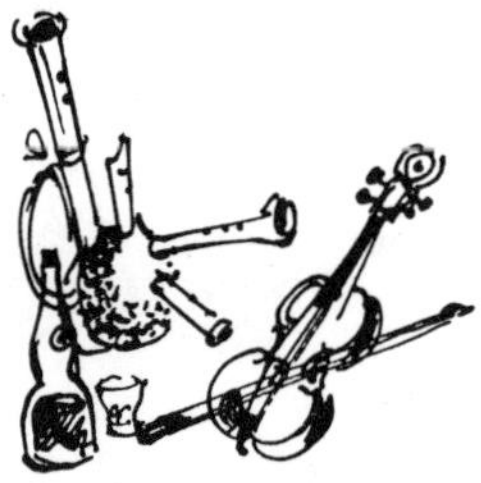

2. Ihr müßt singen, Dudelsack wird klingen.
   Tanz, Maruschka, tanz, Petruschka, sollt im Kreise schwingen!
3. Hört, die Geigen wollen auch nicht schweigen!
   Tanz, Maruschka, tanz, Petruschka, wirbelt fort im Reigen!
4. Freunde, trinket! Stern am Himmel blinket.
   Tanz, Maruschka, tanz, Petruschka, bis der Morgen winket.

1. Tanzform
nach Hannes Hepp

Aufstellung: In Reihen zu 5-6 Kindern.
Schrittart: Nachstellschritt seitwärts, Laufschritte.

Gesungener Teil:
Takt 1-2: Zwei Nachstellschritte rechts seitwärts
Takt 3-4: dasselbe gegengleich nach links
Takt 1-4: dreimal wiederholen

Instrumentalteil: Kinder laufen in der Reihe im Raum umher, angeführt vom 1. Kind, das beim Beginn des 2. Durchganges die Führung an das 2. Kind abgibt und schnell an das Ende der Reihe geht. Nun beginnt der Tanz von vorne.

Variation: Der Anführer jeder Reihe erhält zu Beginn des Tanzes ein farbiges Tuch, das er beim Laufen über seinem Kopf hin- und herschwenkt. Beim 2. Durchgang an den nächsten Anführer weitergeben!

2. Tanzform:
Aufstellung: Die Kinder stellen sich paarweise mit Zweihandfassung im Raum verteilt auf.
Schrittart: Nachstellschritt seitwärts, Laufschritte

Gesungener Teil: wie 1. Tanzform

Instrumentalteil: Die Kinder laufen einzeln verteilt im Raum herum. Zu Beginn des 2. Durchgangs (Gesungener Teil) suchen sie sich einen neuen Partner und stellen sich mit diesem zu Paaren auf. Nun beginnt der Tanz von vorne.

K 18
Tanz: Maccaroni.

Aus Italien (Tarantella aus Neapel)
Deutscher Text: Fritz Schröder

Schallplatte: FidulaFON 1193
Cassette 1

2. Hab kein Geld in meiner Tasche,
keinen Tropfen in der Flasche, ./
/. brauch kein Bett aus Mahagoni,
nur eine Schüssel mit Maccaroni../

3. Leichter wären wohl die Kriege,
und viel rascher auch die Siege, ./
/. würden schießen die Cannoni
statt mit Granaten mit Maccaroni! ./

4. In der Welt wär viel mehr Liebe,
und es gäbe keine Diebe, ./
/. keine Gauner und Ladroni (= Straßenräuber),
hätt' jeder jeden Tag Maccaroni! ./

5. Wie man Briefe drahtlos sende,
das erfanden kluge Hände. ./
/. Doch ganz schlicht aß auch Marconi
nur seine Schüssel mit Maccaroni. ./

6. Hat mein Liedchen euch gefallen,
komm ich wieder, sing euch allen
neue Lieder und Canzoni (= Gesänge)
für eine Schüssel mit Maccaroni.

Anmerkung:
Die Tarantella ist ein Tanz, der in Süditalien beheimatet ist. Typisch für diesen Tanz ist der 6/8-Takt.

Tanzform: Aufstellung: Paarweise im Raum verteilt mit Zweihandfassung.

Gesungener Teil: 4 Nachstellschritte nach rechts seitwärts.
4 Nachstellschritte nach links seitwärts, dann Paarkreis nach rechts herum.

Instrumentalteil: Die Kinder hüpfen jetzt einzeln im Raum herum.
Nun beginnt der Tanz von vorne mit neuen Partnern.

K 19
Tanz: Klapper-Klatsch. **Schallplatte: FidulaFON 1196 / Fidula-Cassette 2**

1. Tanzform: Aufstellung: Alle im Kreis, Hände durchgefaßt

Teil A: 16 Gehschritte auf der Kreisbahn nach rechts, zum Schluß Handhaltung lösen.

Teil B: Dieser „Klatschteil" wird variiert. Er kann ausgeführt werden im Stehen, im Drehen um die eigene Achse, im Gehen vorwärts zur Kreismitte und rückwärts zum Platz (je 8 Schritte). Dabei wird in die Hände geklatscht, z. B. vor dem Körper, hinter dem Rücken, hoch über dem Kopf, dicht über dem Boden, auf dem Boden, zwischen den Knien, auf die Oberschenkel . . .

Hannes Hepp

2. Tanzform: Aufstellung: Reihen von 5 bis 8 Kindern, in Hüft- und Schulterfassung, frei im Raum verteilt.

Teil A: Der Anführer (er kann ein Tuch bekommen) jeder Reihe bestimmt jeweils die Schrittart (s. Tanzschlüssel) und die Fassung, die von den anderen Kindern der Reihe nachgeahmt werden. Beim nächsten Durchgang wechselt der Anführer ans Ende der Reihe, er übergibt die Führung an das 2. Kind.

Teil B: Der Anführer schlägt selbst andere Klanggesten und Bewegungen vor, die von den anderen Kindern imitiert werden.

Hannelore Krause-Wichert

K 20
Tanz: Bingo.

Schallplatten: **1. FidulaFON 1306**
2. SP 23 015
Cassette 20

Aus Amerika

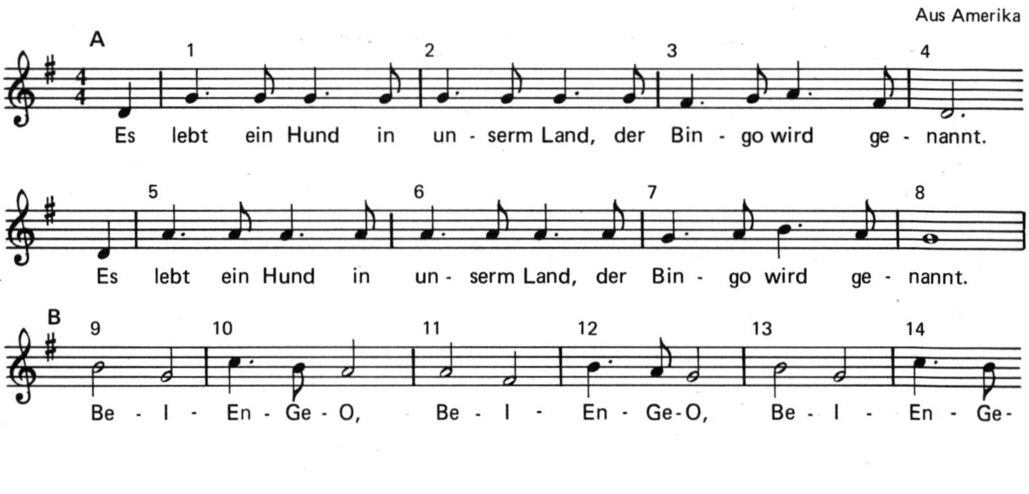

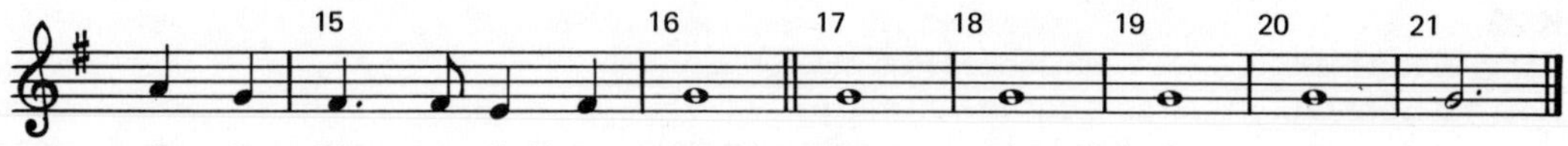

Vereinfachte Tanzform: Aufstellung: Paarweise auf der Kreislinie, Innenhände sind gefaßt, Blick in Tanzrichtung.
Schrittart: Gehschritt

Teil A

Takt 1- 8: 16 Gehschritte in Tanzrichtung, dann beide nach innen wenden und halbe Drehung dabei ausführen,

Teil B

Takt 9-16: 16 Gehschritte in Gegentanzrichtung, dann zueinander werden,

Takt 17-21: Der Außenkreis bleibt jetzt stehen, und der Innenkreis geht langsam (pro Takt = 1 Schritt) weiter, dabei wird auf die außenstehenden Kinder gezeigt. Dem 5. Kind (Takt 21) wird die Hand gegeben oder es wird umarmt.
Beide Kinder beginnen jetzt den Tanz wieder von vorne. H. M.

Anmerkung: Die anschauliche Textgeschichte von Lieselotte Holzmeister (Mosaik 209) eignet sich gut zur Einführung dieses Tanzes.

16. Kindertänze (K) für 8- bis 10jährige Kinder

K 21
Im Walde von Toulouse.

Aus Frankreich
Deutscher Text: Ulrich Kabitz

Schallplatte FF 3060
Cassette 7

2. Es waren ihrer fünfzig, verborgen im Gebüsch . . .
3. Sie sprachen zueinander: „Schau nach, ob einer kommt . . .“
4. „Ich sehe einen kommen, der sitzt auf hohem Pferd“
5. „Mein Herr, bleibt bitte stehen, wo habt ihr euer Geld?“
6. „Ich hab's in meiner Börse, ich hab's in meinem Rock . . .“
7. „So gebt denn eure Börse, sonst legen wir euch um!“
8. „So nehmt denn meine Börse, doch laßt das Leben mir.“
9. Im gleichen Augenblicke da kam die Polizei . . .
10. Da hoben alle Räuber ganz schnell die Hände hoch . . .
11. Im Walde von Toulouse gibt's keine Räuber mehr.

Tanzform:
Aufstellung: Die Kinder bilden einen Kreis, einige Kinder werden vorher als „Räuber“ und „Polizisten“ eingeteilt, ein Kind spielt den „Herrn auf einem Pferd“. Eine sparsame Kostümierung könnte die einzelnen Rollen noch hervorheben.

1. Strophe: Die eingeteilten Kinder gehen im Kreis und singen, am Ende der Strophe bleiben sie als „Bäume“ (Arme hochhalten, Finger ausstrecken) stehen.

2. Strophe: Die „Räuber“ haben sich inzwischen hinter den „Bäumen“ versteckt.

Die weiteren Strophen können nun so dargestellt werden, wie es der Text weiter angibt.

Anmerkungen:
1. Aus Erfahrung weiß ich, daß dieses Tanzspiel den Kindern dieser Altersstufe großen Spaß macht. Der Lehrer sollte nur darauf achten, daß bei jedem erneuten Durchspiel die einzelnen Rollen gewechselt werden, damit jedes Kind einmal die Chance erhält, seine Lieblingsrolle zu spielen.
2. Dieser Tanz ist auch schon für Kinder ab 6 Jahren geeignet.

K 22
Tanz: Wenn hier en Pott mit Bohnen.

Schallplatte: FidulaFON 3023 oder Cassette 7

Aus Norddeutschland

1. Wenn hier en Pott mit Bohnen steiht
und dor en Pott mit Brie,
denn lat ick Brie un Bohnen stahn
und danz mit min Marie. Marie, Mara, Maruschkaka . . .

2. Un wenn Marie nich danzen kann,
un hett se scheewe Been,
denn treckt se lange Kleeder an,
denn is dat nich to sehn . . .

3. Un wenn Marie nich danzen will,
dann weet ick, wat ick do,
denn stopp ick se in'n Habersack
un binn' em baben to . . .

4. Marie, Marie, wat denkst du denn,
wat hest in dinen Sinn,
du denkst wull an den groten Pott
mit Brie un Bohnen drin . . .

Tanzform:	Aufstellung: Alle stellen sich paarweise auf die Kreislinie, Blick in Tanzrichtung. Schrittarten: Gehschritt, Hüpfschritt.
Gesungener Teil:	A-Teil: 16 Gehschritte vorwärts in Tanzrichtung, dann erfolgt eine halbe Drehung zum Partner. 16 Gehschritte vorwärts in Gegentanzrichtung. B-Teil: Rechts einhängen und zu Paaren herumhüpfen, 1 Klatscher, dann dasselbe noch einmal mit links einhängen.
Instrumentalteil:	Alle hüpfen einzeln im Raum herum, klatschen dazu das Metrum und suchen sich einen neuen Partner, mit diesem beginnt der Tanz von vorne.

K 23
Tanz-Kanon: He-jo, spann den Wagen an.

Aus England

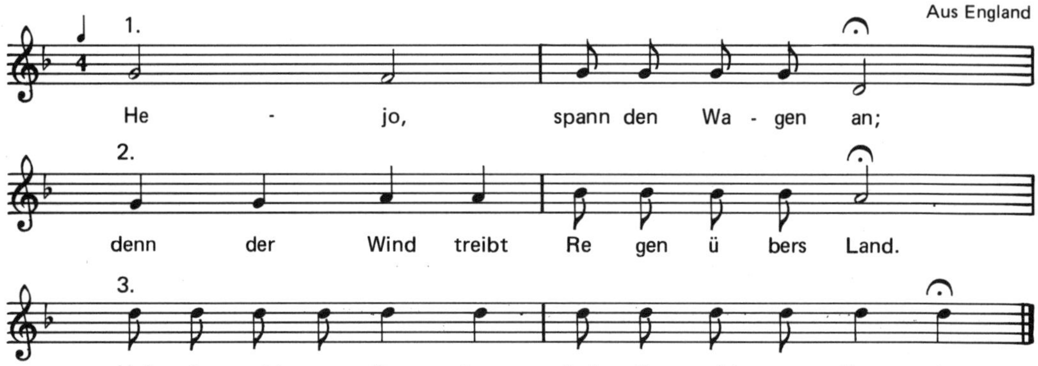

Original-Text: Heigh-ho! Nobody at home. Food and drink and money have I none. Still I will be merry, still I will be merry.

He-ho! Niemand ist zu Hause. Ich habe kein Essen, kein Trinken und kein Geld. Doch will ich fröhlich sein, ich will fröhlich sein.

Tanzform:

a) **einstimmig:**

Aufstellung: Alle Kinder stehen im durchgefaßten Kreis.

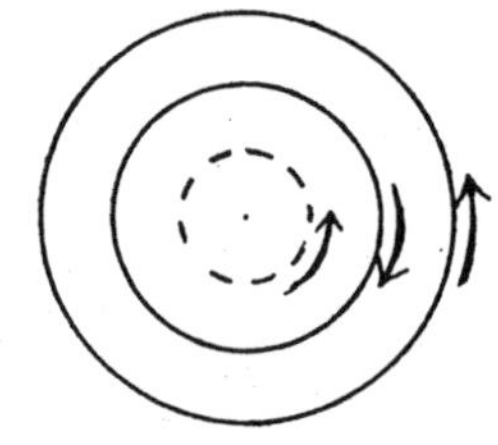

Takt 1-2:	8 Gehschritte in Tanzrichtung, dann eine halbe Drehung nach links,
Takt 3-4:	8 Gehschritte in Gegentanzrichtung, dann erfolgt eine Vierteldrehung nach rechts.
Takt 5:	4 Gehschritte in Richtung Kreismitte.
Takt 6:	4 Gehschritte rückwärts zum Ausgangsplatz.

b) **zweistimmig:**

Aufstellung: Alle Kinder bilden zwei ineinander liegende Kreise (s. Zeichnung):
Zuerst beginnt der Innenkreis sich zu bewegen und zu singen, dann erfolgt nach zwei Takten der Einsatz des 2. Kreises. Vorher sollte der Lehrer mit den Kindern vereinbaren, wie oft der Kanon durchgesungen werden soll, z. B. zweimal, dreimal . . . etc. Der 1. Kreis ist natürlich zuerst fertig, nach 2 Takten folgt dann der 2. Kreis.

c) **dreistimmig:**

Aufstellung: Alle Kinder bilden drei ineinander liegende Kreise (s. Zeichnung):

(Die Kreise können sich auch in der anderen Richtung bewegen, d. h. 1. Kreis beginnt in der Tanzrichtung, der 2. Kreis in der Gegentanzrichtung und der 3. Kreis wieder in der Tanzrichtung.)

Der Innenkreis macht wieder den Anfang, mit jeweils 2 Takten Abstand folgen dann der 2. und der 3. Kreis (die Einsätze: 1./2./3. können vom Notenbild ganz deutlich abgenommen werden).

Anmerkungen:

- 25-30 Kinder sollten Sie schon haben, um drei Kreise bilden zu können.
- Von oben gesehen wirken Tanzkanons für das zuschauende Publikum natürlich am besten. Manche Turnhallen haben an den Seiten Emporen, von hier aus bietet sich ein optimales Bild.
- Sie können alle Kanons nicht nur singen, sondern auch tanzen, versuchen Sie es einmal zusammen mit Ihren Kindern.

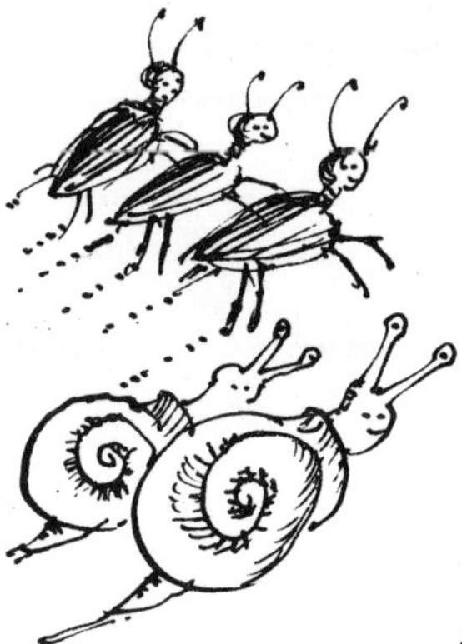

K 24

Tanz: Aprite le porte. **Schallplatte: FidulaFON 1193 oder Cassette 1**

2. Aprite le porte . . .
   i Bersaglier!
   Wir gehn noch nicht ins Bett, 's hat Wanzen, 's hat Wanzen.
   Wir gehn noch nicht ins Bett, 's hat Wanzen in dem Bett!
   (2 Gruppen singen im Wechsel:)
   /. Geht ihr ins Bett! Wir gehen alle, alle, all' noch nicht ins Bett! ./ (2x)
3. Aprite le porte . . .
   i Bersaglier!
   Wir essen kein Salat, 's hat Schnecken . . .
   Eßt ihr Salat! . . .
4. Aprite le porte . . .
   i Bersaglier.
   Wir gehen nicht in d'Schul, 's hat Lehrer . . .
   Geht ihr in d'Schul! . . .

1. vereinfachte Tanzform: Aufstellung: Die Kinder stehen einzeln im Raum verteilt.

Vorspiel 2 Takte

Teil A:	Freies Umhergehen im Raum.
Teil B:	Einen Partner suchen und mit diesem frei herumgehen.
Teil C:	Die Paare hängen rechts und links ein und hüpfen im Paarkreis einmal rechts und einmal links herum.

Nach jedem Durchgang erfolgt ein Partnerwechsel (insgesamt: 4 Durchgänge). Wenn es den Kindern noch schwerfallen sollte, den Beginn der Teile A, B und C zu erkennen, kann der Lehrer dies durch optische oder akustische Signale besser kenntlich machen.

Variation: Nur **der Teil B** wird wie folgt geändert: Die Paare bleiben stehen und denken sich selbst aus, wie sie zusammen stampfen, klatschen, patschen und schnalzen können.

2. Tanzform: Diese Tanzform ist auf der Plattenhülle von FF 1193 abgedruckt. Hierzu stellen sich die Kinder in 2 Reihen gegenüber auf.

K 25
Bingo (Party-Tanz).

Aus England Original-Text: There was a farmer, had a dog and Bingo was his name.
B-i-n-g-o, B-i-n-g-o. B-i-n-g-o and Bingo was his name. B-i-n-g-o!

Schallplatten: 1. FidulaFON 1306
2. SP 23 015
Cassette FC 20

Original Tanzform:

Aufstellung: Beliebig viele Paare stehen eingehängt auf der Kreislinie, Blick in Tanzrichtung.
Schrittart: Gehschritt

Teil A Takt 1- 8: 16 Gehschritte in Tanzrichtung, dann halbe Drehung nach innen ausführen.
Takt 9-16: 16 Gehschritte in Gegentanzrichtung, dann zueinander wenden, beide geben sich die rechte Hand (Ausgangspunkt zur sog. Kette – s. Zeichnung).
Takt 17-21: Kette bis zum 5. Partner (der eigene wird dabei mitgezählt!), die Innenstehenden (die Tänzer) gehen in Tanzrichtung, während die Außenstehenden (die Tänzerinnen) in Gegentanzrichtung gehen.
Reihenfolge der Kette: „B“ rufen, dabei dem eigenen Partner die rechte Hand geben und einen Platz weitergehen, dann „I“ rufen und dem 2. Partner die linke Hand geben und einen Platz weitergehen. „N“ . . . 3. Partner rechte Hand . . . „G“ . . . 4. Partner linke Hand . . . „O“ . . . 5. Partner wird herzlich umarmt.

Dann beginnt der Tanz mit dem letzten Partner wieder von vorne.

K 26
Tumba, tumba
(Tanz-Kanon)

mündlich überliefert

- Die Kinder singen die Melodie zuerst zeilenweise und dann ganz; sie begleiten das Metrum mit Klanggesten (stampfen, patschen, klatschen, fingerschnalzen).
- Die Klanggesten werden auf die Schlaginstrumente übertragen: z. B. tumba —> Pauke, don —> Becken, tralala —> Klanghölzer.
- Die Bewegungen werden mit der Stimme begleitet: z. B. Pauke = bumm oder tamm oder tomm
  Becken (weich anschlagen) = dong oder bong
  Klanghölzer = klapp oder tipp
- Beim ersten Teil des Kanons bewegen sich die Kinder einzeln, beim zweiten Teil begleiten sie sich mit Klanggesten, beim dritten Teil tanzen sie zu Paaren.
- 3 Gruppen bilden: eine Gruppe singt, die zweite tanzt und die dritte Gruppe begleitet mit Schlaginstrumenten.
- 3 Gruppen singen und tanzen im Kanon (wie K 23 „He-jo, spann den Wagen an“).

K 27
Tanz: Teppichknüpfen/
Lou Pripet.

Aus Frankreich

1. FidulaFON 1260
2. Camerata CMS 17 202
Cassette FC 15

Aufstellung: Die Kinder bilden einen geschlossenen Kreis, die gefaßten Arme hängen herab.
Schrittarten: Gehen und nach Belieben.

Teil A: Kreis geht vorwärts in Tanzrichtung, mit linkem Fuß beginnen, dabei werden die gefaßten Arme vor- und zurück geschwungen (vorschwingen immer auf die 1. Zählzeit = Betonung).

Teil B: Alle wenden sich nun zur Kreismitte und führen eigene Bewegungen oder Klanggesten zur Musik aus.

Bei den nächsten 4 Durchgängen sollen sich alle wieder andere Bewegungen oder Klanggesten ausdenken. Dies ist durchaus auch paarweise möglich.

Hinweis:
Der Lehrer kann sich nun die gefundenen Bewegungen und Klanggesten gut merken, um sie dann mit allen Kindern noch einmal nachzumachen.

K 28
Tanz: „Kirmestanz"
Drei alte Weiber (Männer).

Schallplatte: FidulaFON 1172
Cassette FC 18

Aus Schweden

Text: F. Ganslandt

	Aufstellung:	Alle Kinder bilden Dreiergruppen, Mädchen und Jungen jeweils für sich.
2 Takte Vorspiel	Teil A:	Alle Dreiergruppen gehen, untereinander eingehakt, kreuz und quer durch den Raum, um aber gegen Ende der Wiederholung des A-Teiles genau vor einer Partnergruppe zu stehen (Jungen zu Mädchen und umgekehrt).
	Teil B:	Nun fassen sich die jeweils Gegenüberstehenden an den Händen und machen zweimal nacheinander sieben Wechselhüpfer am Ort, wobei der jeweils siebente als Stampfer doppelt so lang getanzt wird. Bei der Text-Stelle „Wir fahren Karussell . . ." klatschen alle in die Hände und fahren Karussell (eingehakt einmal rechts und einmal links herum). Wiederholung. Dann beginnen die herumziehenden Dreiergruppen den Tanz wieder von vorne.

K 29
Tanz: Chula.

Die Originalbeschreibung zu diesem Tanz bringt die Broschüre „Escondido-So tanzen und musizieren Kinder in Südamerika" von José Posada + Hiltraud Reckmann

Vereinfachte Tanzform:

Schallplatte: FidulaFON 1263
Cassette FC 9

Aufstellung:	Die Kinder stehen paarweise in Zweihandfassung im Raum verteilt.
Schrittart:	Nachstellschritt seitwärts, Hüpfschritt
1. Teil:	Zwei Nachstellschritte nach rechts und nach links seitwärts, dasselbe wird noch einmal wiederholt.
2. Teil:	Jeder schlägt den Rhythmus der Musik abwechselnd mit den Händen auf seine Oberschenkel.
3. Teil:	Paarweise nach rechts und nach links eingehängt herumhüpfen. Beim 3. Teil kann ein Partnerwechsel erfolgen, indem der Junge beim Einhängen links sich eine neue Partnerin sucht. Mit dieser beginnt der Tanz von vorne.

Christine Humpert

K 30
Tanz: Savila Se Bela Loza (Kolo).

Aus Jugoslawien (Serbien)

Schallplatte: SP 23 096

Original-Text:
Savila se bela loza vinova
Uz tarabu vinova.
Todor Todi podvalio.
Triput curu poljubio.
To ne bese bela loza vinova.
Uz tarabu vinova.
Vec to bese dvoje mili i dragi,
Dvoje mili i dragi.

Deutsche Übersetzung des Textes:
Bog sich eine schöne Rebe
an dem Zaun.
Todor neckte Todi,
küßte das Mädchen dreimal.
Es war nicht eine schöne Rebe
an dem Zaun,
sondern es waren zwei Verliebte.

Tanzform: überliefert
Aufstellung: Reihen zu 5-6 Tänzern, Hände sind gefaßt. Keine Partner.
Schrittart: Laufschritt, Anstellschritt seitwärts.

Der Anführer jeder Reihe bekommt ein farbiges Tuch, das er während des Laufens über seinem Kopf hin- und herschwenkt.

A-Teil: Der Anführer führt seine Reihe nach rechts in Laufschritten durch den Raum, Bögen bzw. Schlangenlinien laufen.

B-Teil: Zwei Nachstellschritte seitwärts nach rechts,
zwei Nachstellschritte seitwärts nach links.
Dreimal dasselbe wiederholen.

Der Anführer der Reihe verläßt nun seine Position, er läuft an das Ende der Reihe und übergibt Tuch und Führung an den 2. Tänzer der Reihe.
Jetzt beginnt der Tanz wieder von vorne.

K 31
Sitz-Tanz: Estrella (Spanien)

Schallplatte: FidulaFON 1307

Sitzweise: Auf Stühlen oder Hockern im Kreis. Tanzform: H. M.

1. Teil: Nach der Musik klatschen, auf die Knie schlagen und auf der Stelle gehen. Falls kleine Schlaginstrumente oder Rasselbüchsen vorhanden sein sollten, könnten diese mitspielen.

2. Teil: Rechten Arm nach rechts kreisen lassen, linken Arm nach links kreisen lassen, dasselbe mit beiden Armen zusammen. Nun beginnt es wieder von vorne.

K 32
Sitz-Tanz: Les Champs-Élysées (Frankreich)

Schallplatte: CBS S 4281

Sitzweise: Auf Stühlen oder Hockern im Kreis. Wir stellen uns nun vor, wir würden auf einer Bank sitzen und auf ein Taxi warten. Die entsprechenden Bewegungen bauen wir in unseren Sitz-Tanz mit ein.

Tanzform: H. M.
Takt 1: Rechten Arm hochheben und winken, linken Arm hochheben und winken.
Takt 2: Dasselbe noch einmal wiederholen.
Takt 3: Mit rechtem Daumen über die Schulter nach hinten zeigen, mit linkem Daumen nach hinten zeigen, noch einmal dasselbe.
Takt 4: Gehen auf der Stelle (Das Taxi kommt leider nicht, so müssen wir zu Fuß nach Hause gehen.).

K 33
Tanz: Pèzinho (Das Füßchen).

Schallplatte: FidulaFON 1263 / FC 9

Aus Brasilien.
Deutscher Text: Hiltraud Reckmann, aus „Escondido", Fidula

4 Takte Vorspiel Aufstellung: Paarweise im Kreis oder in der Gasse (d. h. die Paare stehen sich in 2 Reihen gegenüber). Beide Hände sind gefaßt.

A-Teil: Die Paare stellen ihren rechten Fuß vor und wieder zurück, dann zur Seite und wieder zurück und noch einmal vor und zurück. (Zum Einüben dieses Tanzes kann die Sprache zur Hilfe kommen, und zwar etwa so: vor – zurück, seit – zurück, vor – zurück).
Dasselbe erfolgt nun mit dem linken Fuß.
Noch einmal mit dem rechten und dem linken Fuß wiederholen.

B-Teil: Rechte Arme einhaken und 4 Hüpfer rechts herum ausführen, dann zweimal klatschen.
Nun linke Arme einhaken, herumhüpfen und klatschen. Dies alles wird noch einmal wiederholt.

Nach 4 Durchgängen folgt ein Nachspiel von 4 Takten. Beim Wechsel der Liedstrophen ist auch ein Partnerwechsel möglich.

K 34
Tanz: Fröhlicher Kreis (The Big Circle).

Schallplatten: 1. FidulaFON 1257
2. CAL 17 739
3. EP 58 201

Aus England

Aufstellung: Beliebig viele Paare fassen durch zu einem großen Kreis.
Schrittart: Gehschritt, Hüpfschritt.

A-Teil:	Takt 1-4:	Vier schnelle Gehschritte, rechts beginnend, zur Mitte und zurück, dann noch einmal dasselbe.
	Takt 1-4 Wdhl.:	Tänzerinnen vier schnelle Gehschritte zur Mitte und zurück, dann Tänzer zur Mitte und nach einer halben Linksdrehung mit vier schnellen Gehschritten zurück zur neuen Tänzerin, die zu Beginn des Tanzes links neben dem Tänzer stand.
B-Teil:	Takt 5-8:	Der Tänzer reicht der neuen Tänzerin beide Hände und führt mit ihr einen Paarkreis im Hüpfschritt aus.
	Takt 5-8 Wdhl.:	Die gleichen Paare tanzen mit Kreuzhandfassung oder Innenhandfassung im Hüpfschritt in Tanzrichtung vorwärts. Gegen Ende des B-Teiles wieder durchfassen zum großen Kreis. Der Tanz beginnt nun wieder von vorne.

K 35
Tanz: Mixbecher.

Schallplatte: FidulaFON 1178
Cassette 17

Aufstellung: Paarweise frei im Raum, offene Fassung (d. h. Junge und Mädchen stehen nebeneinander mit Blick in die gleiche Richtung, seine rechte Hand faßt ihre linke.)

Vorspiel
A-Teil: Alle Paare gehen frei im Raum herum (16 Schritte)
B-Teil: Einzeln frei im Raum herumgehen (16 Schritte)
C-Teil: Swing (Erklärung s. unten) mit 16 Schritten
Bei der Wiederholung des C-Teiles kann ein Partnerwechsel vorgenommen werden.

Erklärung zu „Swing“:
Die Paare reichen sich die linke Hand, sie legen sich die rechte Hand bei gestrecktem Arm gegenseitig auf die rechte Schulter, sie stellen den rechten Fuß mit den Außenseiten aneinander und tanzen mit schnellen Nachstellschritten (Vorstellungshilfe: Wir fahren mit dem Roller) umeinander herum. Das Gewicht liegt auf dem rechten Fuß.

Variation: Falls der „Swing“ zu schwer sein sollte, kann er auch durch Einhängen rechts und links und Herumhüpfen im Paarkreis ersetzt werden. Hannes Hepp

2. Tanzform: Aufstellung: Einzeln im Raum verteilt.

A-Teil: Einzeln im Raum frei herumgehen (16 Schritte)
B-Teil: Einen Partner suchen und mit ihm im Raum frei herumgehen (16 Schritte)
C-Teil: Einen Kreis bilden und im Kreis in Tanzrichtung herumgehen (16 Schritte).
Bei der Wiederholung des C-Teiles geht der Kreis in Gegentanzrichtung herum.

3. Tanzform: Aufstellung: Paarweise auf der Kreislinie, Blick in Tanzrichtung

A-Teil: 16 Gehschritte paarweise in Tanzrichtung
B-Teil: 16 Gehschritte einzeln im Raum herumgehen
C-Teil: Paare bilden. Einen Handstern rechts und links herum ausführen (jeweils mit 8 Schritten). Wiederholung.

4. Tanzform:

Vorspiel

Aufstellung: Paarweise auf der Kreislinie, Blick in Tanzrichtung

A-Teil: Sechzehn Gehschritte vorwärts in Tanzrichtung. Am Ende von Takt 8 wird die Fassung gelöst. Die Tänzerinnen wenden nach rechts außen (halbe Drehung im Uhrzeigersinn) zur Front in Gegentanzrichtung.

B-Teil: Sechzehn Gehschritte vorwärts: Tänzer in Tanzrichtung, Tänzerinnen in Gegentanzrichtung. Am Ende von Takt 8 nimmt der Tänzer die Tänzerin als Partnerin, die ihm gerade entgegen kommt.

C-Teil: Handtour rechts und links, jeweils mit 8 Gehschritten. Bei der Wiederholung des C-Teiles: Swing (Erklärung s. unter der 1. Tanzform).

K 36
Tanz: Tip Top Mixer.

Schallplatte: FidulaFON 1306
Cassette FC 20

1. Tanzform:
Aufstellung: Zu Zweien auf der Kreislinie, Blick in Tanzrichtung, offene Fassung.

Vorspiel: 2 Takte

A-Teil:
Takt 1-2: 8 Gehschritte in Tanzrichtung (die Außenfüße beginnen), beim 8. Schritt wenden sich die Partner zueinander.
Takt 3-4: Sie geben sich beide Hände und tanzen 4 Seitstellschritte in Tanzrichtung
Takt 5-8: Wie Takt 1-4
Wdhl. von Takt 1-8: Wie Takt 1-8.

B-Teil:
Takt 1-2: In Zweihandfassung 4 Gehschritte in Richtung Kreismitte und 4 Gehschritte zur Kreislinie wieder zurück.
Takt 3-4: 4 Seitstellschritte in Tanzrichtung
Takt 5-6: 4 Seitstellschritte in Gegentanzrichtung, dann die Fassung lösen.
Takt 7-8: Partnerwechsel: Jeder geht mit 4 Schritten nach rechts zum neuen Partner
(Innentänzer = in Gegentanzrichtung
Außentänzer = in Tanzrichtung)
Mit dem neuen Partner 4mal zusammen klatschen. Wdhl. von Takt 1-8.

2. Vereinfachte Tanzform: Aufstellung: Einzeln im Raum verteilt.

Vorspiel: 2 Takte

A-Teil: Die Kinder gehen frei und gut verteilt im Raum herum.
Bei der Wiederholung des A-Teiles suchen sie sich einen Partner und gehen mit ihm frei im Raum herum.

B-Teil: Jetzt wird ein Kreis gebildet, der sich zunächst in Tanzrichtung bewegt.
Bei der Wiederholung des B-Teiles bewegt er sich in Gegentanzrichtung.

K 37
Tanz: Break-Mixer.

Schallplatte: FidulaFON 1197
Cassette FC 16

Aufstellung: Paarweise auf der Kreislinie, Blick in Tanzrichtung
Schrittart: Gehschritt, Hüpfschritt

Takt 1-2: Acht Gehschritte vorwärts in Tanzrichtung, beim 8. Schritt zueinander wenden,
Takt 3: Vier kleine Schritte auseinander gehen (Tänzer rückwärts zur Kreismitte, Tänzerin zur Wand)
Takt 4: dreimal in die eigenen Hände klatschen (kurz-kurz-lang),
dreimal leicht stampfen (kurz-kurz-lang).
Takt 5-6: Mit eigenem Partner rechts einhängen und herumhüpfen.
Takt 7-8: Zum nächsten Partner weitergehen, mit diesem links einhängen und herumhüpfen. Mit dem neuen Partner beginnt der Tanz von vorne.

Vereinfachte Tanzform:
Aufstellung: Paarweise mit Zweihandfassung oder Schulterfassung auf der Kreislinie, die Jungen stehen dabei außen, die Mädchen innen.
Schrittart: Gehschritt, Hüpfschritt

Takt 1-2: Paarweise 4 Gehschritte nach innen zur Kreismitte und 4 Gehschritte wieder zurück zum Ausgangsplatz.
Takt 3: 4 kleine Stampfschritte auf der Stelle
Takt 4: Dreimal in die eigenen Hände klatschen, 3mal klatschen beide zusammen in die Hände.
Takt 5-8: Beide hängen rechts ein und hüpfen umeinander herum, dann dasselbe mit links einhängen. Bei Takt 8 gehen die Mädchen zum nächsten Jungen nach links weiter. Mit diesem beginnt der Tanz von vorne.

Erika Ackermann

K 38
Jiffy Mixer.

Aus Nord-Amerika

Schallplatten: 1. FidulaFON 1175
2. SP 23 100
Cassette FC 17

Aufstellung: Paarweise auf der Kreislinie, Jungen und Mädchen stehen sich in der sog. Schmetterlingsfassung gegenüber, d. h. die Hände werden beide etwa in Brusthöhe gegeneinander gelegt.

Schrittart: Nachstellschritt seitwärts, Schlußsprung

4 Takte Vorspiel

Takt 1- 4: Hacke-Spitze, Hacke-Spitze, Seit-Schluß-Seit-Schluß.
Tänzer beginnt mit linkem, Tänzerin mit rechtem Fuß, also beide in Tanzrichtung (Hacke seitlich aufsetzen, dann mit der Spitze unbelastet neben den Fuß heranstellen und 2 Nachstellschritte in Tanzrichtung seitwärts ausführen).

Takt 5- 8: Dasselbe wie Takt 1-4, Tänzer rechts, Tänzerin links beginnend gegen die Tanzrichtung.

Takt 9-12: Sprung-Klatsch-Sprung-Klatsch-Sprung-Klatsch-Sprung-Klatsch (Rückwärts auseinander, insgesamt viermal: Sprung-Klatsch-Sprung bedeutet hier mit geschlossenen Füßen rückwärts springen, am Boden gleitend. Nach jedem Sprung wird einmal geklatscht).

Takt 13-16: Jeder macht vier langsame Gehschritte schräge nach rechts zum neuen Partner.

K 39
La Raspa Mexicana
(Raspa = die Feile).

Schallplatten: 1. FidulaFON 1195
2. CAL 17 719
Cassette 1

Text, Melodie und Satz: Hans-Günter Lenders

2. Wer fragt: „Was ist denn das da?" Der kennt noch nicht „La Raspa"! Probier's mal, und damit basta! Es ist ja auch gar nicht so schwer. . . . Es geht immer hin und mal her.

Tanzform (im Original):

Aufstellung: Paarweise mit Zweihandfassung auf der Kreislinie aufstellen, Tänzer mit Rücken zur Kreismitte, Tänzerin mit Rücken zur Wand. Beide stellen den rechten Fuß vor.

Teil A: Raspa-Schritte voreinander, d. h. dreimal am Platz von einem Bein auf das andere springen: beide hüpfen auf den linken, den rechten und den linken Fuß, dann kurz stehenbleiben (Pause).
Dann hüpfen alle auf den rechten, linken und rechten Fuß.
Dasselbe wird noch dreimal wiederholt.

Teil B: Paare rechts einhängen und herumhüpfen, freien Arm dabei über den Kopf hochhalten und mitschwingen, bei der Wiederholung links einhängen und herumhüpfen.
Tänzer geht eins weiter in Tanzrichtung vor zur nächsten Tänzerin, mit der der Tanz von vorne beginnt.

K 40
Tanz: Palmen im Wind (Tzadik Katamar).

Aus Israel

Schallplatte: FidulaFON 1281

Aufstellung: Alle stellen sich ohne Fassung auf der Kreislinie auf, Blick in Tanzrichtung.
Schrittart: Gehschritt, Nachstellschritt seitwärts.

Teil A: Vier Gehschritte in Tanzrichtung (mit rechtem Fuß beginnen!), dann auf dem linken Fuß zur Kreismitte drehen, „Palmwedeln" nach rechts und nach links (Arme hochhalten und leicht hin- und herschwingen).
Noch einmal dasselbe wiederholen.

Teil B: Hände zum geschlossenen Kreis durchfassen, vier Nachstellschritte seitwärts in Tanzrichtung, jetzt Hände lösen und von der Hocke aus einen „Palmenbaum" wachsen lassen, indem sich jeder um die eigene Achse dreht und dabei wieder zum Stand kommt.
Dasselbe noch einmal wiederholen.

Variation: Wenn eine ausreichende Zahl von Mittanzenden vorhanden ist, könnte auch ein Außen- und ein Innenkreis gebildet werden (siehe „Tanzschlüssel"). Der Außenkreis bewegt sich dann in die Tanzrichtung und der Innenkreis in die Gegentanzrichtung. Tänzer des Innenkreises beginnen mit dem linken Fuß zu gehen, auch das „Wedeln" erfolgt zuerst zur linken Seite.

Vereinfachte Tanzform nach Ruth Beier

K 41
Tanz: Hashual (Der Fuchs).

FidulaFON 1284 / Fidula-Cassette 25

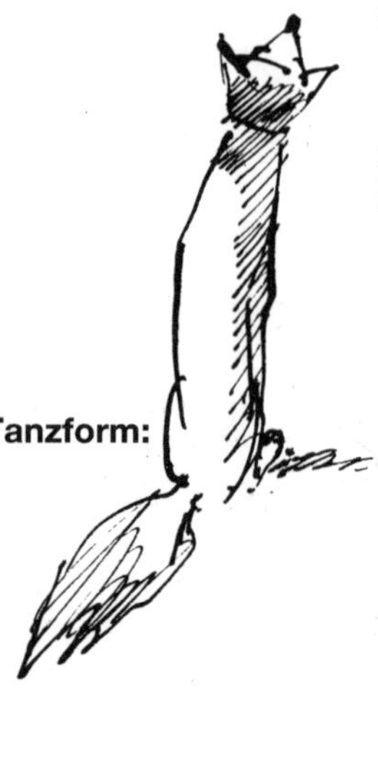

Aufstellung: Die Kinder fassen durch zum großen Kreis.
Schrittarten: Gehschritt, Wechselschritt, kleiner Sprung

1. Tanzform:

Takt 1: 4 Gehschritte vorwärts in Tanzrichtung (rechts beginnt), auf die 3. Zählzeit dieses Taktes wird 2mal kurz geklatscht (♪ ♪), auf die 4. Zählzeit 1mal lang klatschen (♩).
Takt 2: 3 Gehschritte vorwärts in Tanzrichtung.
Takt 3: Gesicht zur Kreismitte. Das linke Bein wird vor dem rechten gekreuzt, mit dem rechten Bein einen Schritt nach rechts zur Seite.
Takt 4: Das linke Bein wird jetzt hinter dem rechten gekreuzt, mit dem rechten Bein einen Schritt nach rechts zur Seite. Dann wieder das linke Bein vor dem rechten kreuzen (Die Takte 3 und 4 können beim Einüben durch Sprechen veranschaulicht werden: vor – seit – hinter – seit).
Takt 5: Verlagerung des Körpergewichts auf rechts, Verlagerung des Körpergewichts auf links, eine Vierteldrehung zur Tanzrichtung.
Takt 6- 9: wie Takt 1-4

Takt 10: Verlagerung des Körpergewichts auf rechts, Verlagerung des Körpergewichts auf links (Die Vierteldrehung entfällt hier bei der Wiederholung)
Takt 11-12: 4 kurze Wechselschritte vorwärts zur Kreismitte (mit dem rechten Bein anfangen).
Takt 13: 1 kleiner Sprung auf den rechten Fuß, dabei wird der Oberkörper gebeugt. 4 Gehschritte rückwärts (mit links beginnen).
Takt 14: 3 Gehschritte rückwärts bis zum Ausgangsplatz. Hier angekommen fassen alle einmal kurz zum Kreis durch.
Takt 11-14: Diese Takte werden noch einmal wiederholt. Dabei bleiben auch die Tanzbewegungen gleich.

2. Tanzform (überliefert):

Takt 1: 4 Gehschritte vorwärts in Tanzrichtung (rechts beginnt), auf die 3. Zählzeit dieses Taktes wird 2mal kurz geklatscht ( ), auf die 4. Zählzeit 1mal lang klatschen ( ).
Takt 2- 5: 10 weitere Gehschritte in Tanzrichtung, dann erfolgt eine halbe Drehung in die Gegentanzrichtung.
Takt 6-10: wie Takt 1-5, nun erfolgt nur eine Vierteldrehung nach rechts zur Kreismitte hin.
Takt 11-12: 4 langsame Gehschritte vorwärts (wie ein Fuchs schleichen!)
Takt 13: 1 kleiner Sprung auf den rechten Fuß, dann einmal über dem Kopf in die Hände klatschen.
Takt 14: 4 Gehschritte rückwärts bis zum Ausgangsplatz. Kurz zum Kreis durchfassen.
Takt 11-14: Diese Takte werden noch einmal mit den gleichen Tanzbewegungen wiederholt.

Anmerkungen zur Methodik:

- Wegen des Schwierigkeitsgrades der beiden Tanzformen und wegen des langsamen Tempos ist dieser Tanz erst für ältere Kinder (9- bis 10jährige) geeignet.
- Einen Kreis zu bilden und diese Form auch einzuhalten, fällt den Kindern oft sehr schwer. Deshalb sollte vor Ausführung dieses Tanzes geübt werden: Das Gehen im Kreis in Tanzrichtung und in Gegentanzrichtung.
- Beim 2. Teil dieses Tanzes erfolgt die Bewegung nach innen zur Kreismitte hin und wieder zum Ausgangsplatz (zur Kreislinie) zurück. Dieser Vorgang sollte nachvollzogen werden.

3. Tanzform:

Aufstellung: Durchgefaßter Kreis – Schrittarten: Gehschritt

Takt 1- 2: Der Kreis geht nach der Mitte zu.
Takt 3- 4: 4mal mit den Füßen links und rechts im Takt stampfen.
Takt 5: Weiter im Takt stampfen und dazu mit den Händen klatschen, dabei wird eine halbe Drehung ausgeführt (der Rücken zeigt jetzt zur Kreismitte).
Takt 1- 5:
Wdhl.: Dieselbe Bewegung von Takt 1-5 wird jetzt rückwärts ausgeführt.
Takt 6- 9: Die Kinder schwingen ihren Kopf im Takt nach links und nach rechts, der Körper wird dabei mitbewegt.
Takt 10-14: wie Takt 1-5.

K 42
Tanz: Las Mañanitas (Das Morgenständchen).

Aus Mexiko

Schallplatten:
FidulaFON 3065 (Gesangsfassung mit Instrumenten)
FidulaFON 3066 (Instrumentale Fassung)
Auch als Fidula-Cassette 10+11 erhältlich.

Aufstellung: Paarweise hintereinander auf der Kreislinie, Kreuzhandfassung* (nicht loslassen!), Jungen stehen innen und Mädchen außen. Blick in Tanzrichtung.

*Kreuzhandfassung (oder auch Kreuzfassung): Die Tänzerin steht rechts vom Tänzer (s. Zeichnung), beide reichen sich ihre rechten und linken Hände überkreuz (und zwar: rechts über links).

Teil A: Walzerschritte (oder Dreierschritte) vorwärts auf der Kreislinie in Tanzrichtung, alle beginnen mit dem rechten Fuß. Nach 6 Takten erfolgt eine halbe Drehung, ohne die Handfassung zu lösen, alle stehen im 8. Takt. Die Wiederholung dieses Teiles A erfolgt in Gegentanzrichtung.

Teil B: Die Jungen bleiben am Platz stehen, während die Mädchen mit 10 Schritten um ihren Tänzer herumgehen, wobei die gefaßten Hände über den Köpfen geführt werden, und die Mädchen sich einmal um sich selbst drehen. In den Takten 5-8 drehen sich die Jungen mit 10 Schritten um die Mädchen (wie oben).

Die Wiederholung erfährt in den letzten 4 Takten eine Änderung. Die Jungen bleiben nämlich auf ihrem Platz stehen, die Hände werden gelöst, und die Mädchen gehen zum nächsten Partner vor. Mit diesem beginnt der Tanz wieder von vorne.

Melodie der beiden Tanzformen: wie K 42 a
Tanzformen 1 und 2 nach:
Posada/Reckmann, „La Vibora“ – Spiel- und Tanzlieder
aus Mexiko, Fidula

2. Tanzform

Aufstellung: Paarweise hintereinander auf der Kreislinie, dabei stehen die Jungen vorne, sie stützen die Hände auf ihre Hüften, die Mädchen fassen von hinten die Schultern der Jungen.

A-Teil: In Tanzrichtung gehen; Richtungswechsel bei der Wiederholung, Jungen sind jetzt hinten, die Mädchen vorne.

B-Teil: Walzerschritt (Dreierschritt) paarweise gegenüber auf der Kreislinie, rechte Hände sind in Kopfhöhe gefaßt. Die Jungen tanzen in Tanzrichtung, die Mädchen in Gegentanzrichtung.

Takt 1: Aufeinander zugehen
Takt 2: Auseinander gehen
Takt 3: Jeder dreht sich um die rechte Schulter und tauscht den Platz mit dem Partner.
Takt 4: Bei der 1. Zählzeit stehenbleiben, bei der 2. und 3. Zählzeit zweimal in die Hände des Partners klatschen.
Takt 5-8: Wiederholung von Takt 1-4.
Wdhl. von Takt 1-8: Wie Takt 1-8. In Takt 8 entfällt jetzt das Klatschen, und es wird zum nächsten Partner weitergegangen.

K 42 a
Zum Geburtstag.

Melodie: Aus Mexiko
Text: Ortfried Poersel
Tanzform: H. M.

Aufstellung: Alle Kinder bilden paarweise einen Kreis um das „Geburtstagskind“, um ihm singend und tanzend ein Ständchen zu bringen.

Teil A: Der Kreis bewegt sich in Dreierschritten in Tanzrichtung um das „Geburtstagskind“, bei der Wiederholung des Teiles A in Gegentanzrichtung.

Teil B:
Takt 1–2: 6 kurze Gehschritte in Richtung Kreismitte.
Takt 3–4: 6 kurze Gehschritte rückwärts zur Kreislinie.
Takt 5–8: Die Tänzer knien sich auf ihr rechtes Knie nieder, sie heben den rechten Arm hoch und halten mit ihrer rechten Hand die rechte Hand der Tänzerin fest. Diese tanzt in Gegentanzrichtung einen kleinen Kreis um den Tänzer.

Wdhl. von
Takt 1-8: Takt 1-4 wie Takt 1-4 (s. oben).
Takt 5-8: Die Tänzerin kniet nun, und der Tänzer tanzt um sie herum.
Das „Geburtstags-Kind“ sucht sich jetzt eine Tänzerin bzw. einen Tänzer aus und tanzt im Kreis alleine mit ihr bzw. ihm. Die anderen Kinder begleiten dies mit Klanggesten oder mit Schlaginstrumenten.

K 43
Tanz: La Polka.

Schallplatte: FidulaFON 3023 und Cassette 7

Erklärung: Die **Polka** (tschechisch „pulka“ = Halbschritt) ist tschechischer und polnischer Herkunft, sie steht im lebhaften 2/4-Takt. Getanzt wird die Polka als ein Wechselschritt mit Hüpfer und gleichzeitiger halber Drehung, d. h. einen Fuß vor (zurück oder seitwärts) setzen, den anderen heranstellen und einmal darauf hüpfen. Dabei wird eine halbe Drehung ausgeführt, so daß beim nächsten Polkaschritt der andere Fuß in derselben Richtung beginnt.

Nach meiner Erfahrung können ältere Kinder den Polkaschritt durchaus erlernen. Bei jüngeren Kindern könnte die Polka mit Wechselschritten oder Seitgaloppschritten getanzt werden.

Aus Frankreich
Deutscher Text:
Lieselotte Holzmeister

2. Mais malgré sa défense, moi je danse, moi je danse, ./ . . . la polka.

2. Und er droht mit Verbot, doch ich tanze, doch ich tanze, ./ . . .

3. Sur les noix du gal'tas, moi je danse, moi je danse, ./ . . . la polka.

3. Unterm Dach ohne Krach darf ich tanzen, darf ich tanzen, ./ . . . Polka.

1. Vereinfachte Tanzform: Aufstellung: Einzeln, verteilt im Raum.

Vorspiel: 4 Takte
Liedstrophe: Alle Kinder hüpfen einzeln im Raum herum. (8 Takte)

Instrumentalteil: Kinder hüpfen zu Paaren im Raum herum. (8 Takte)

Gesungener bzw. gepfiffener Teil: Die Paare hängen rechts und links ein und drehen auf der Stelle herum. (8 Takte)

2. Tanzform:

Aufstellung: Zu Paaren auf der Kreislinie, beide Hände sind gefaßt.

Takt 1- 4: 4 Seitstellschritte in Richtung auf die Kreismitte
Takt 5- 8: 4 Seitstellschritte zum Ausgangsplatz zurück.
Takt 9-16: Polka rund im Kreis in Tanzrichtung oder Seitgalopp.

Instrumentalteil: Einzeln im Raum herumhüpfen

Gesungener bzw. gepfiffener Teil: Paarweise rechts und links einhängen und herumhüpfen

K 44
Tanz: Krebspolka.

Schallplatte: FidulaFON 1260
Cassette FC 15

Aus Österreich

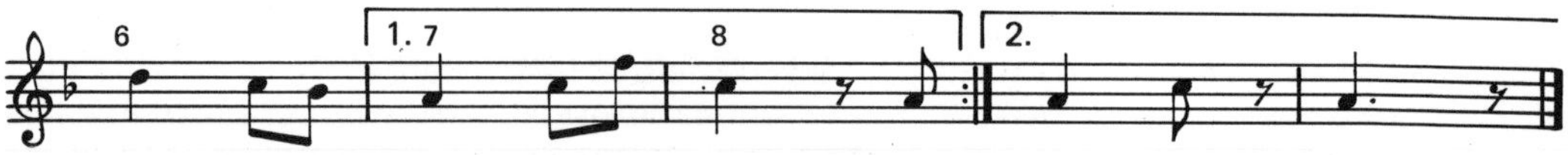

1. Vereinfachte Tanzform: Aufstellung: Paarweise im Kreis (s. Zeichnung), Tänzer und Tänzerin blicken sich an, Tänzer mit dem Rücken zur Kreismitte, beide Hände sind gefaßt.

A-Teil:	Takt 1-4:	4 Seitstellschritte in Tanzrichtung
	Takt 5-8:	4 Seitstellschritte in Gegentanzrichtung. Wdhl. von Takt 1-8:
B-Teil:	Takt 1-8:	Seitgaloppschritte in Tanzrichtung, Wiederholung.

K 45
Tanz: Doudlebska Polka.

Schallplatten: 1. FidulaFON 1178
2. EP 58 700
Cassette FC 17

Aus der Tschechoslowakei

Aufstellung: Paarweise auf der Kreislinie, Blick in Tanzrichtung, Zweihandfassung.
Schrittart: Seitgalopp, Gehschritt.

A-Teil: Seitgaloppschritte in Tanzrichtung, bei der Wiederholung in Gegentanzrichtung.

B-Teil: Die Tänzer legen die linke Hand auf die linke Schulter des Vordermannes, sie umfassen mit dem rechten Arm die rechte Hüfte ihrer Tänzerin. Diese stützt die rechte Hand auf ihre rechte Hüfte, die linke Hand legt sie auf die rechte Schulter des Tänzers. Von oben sieht diese Fassung wie ein Stern aus, deshalb wird dieser Tanz auch „Sternpolka" genannt. Gehschritte vorwärts in Tanzrichtung.

C-Teil: Die Tänzer wenden sich jetzt zur Kreismitte und klatschen folgende Figur zu zwei 2/4-Takten:
1. Schlag auf die Oberschenkel mit beiden Händen
2. Klatschen in die eigenen Hände
3. Klatschen in die auf Schulterhöhe gehaltenen Hände der beiden Nachbarn
4. Pause

Diese Figur wird nun hintereinander insgesamt 8mal ausgeführt.

(Zu dieser Figur können auch andere Klanggesten erfunden werden!)
Während des ganzen C-Teiles hüpfen alle Tänzerinnen in Tanzrichtung um die Tänzer herum. Gegen Ende des C-Teiles bleibt jede Tänzerin vor einem Tänzer ihrer Wahl stehen. Mit diesem beginnt der Tanz wieder von vorne.

Dieser Tanz läßt sich für jüngere Kinder wie folgt vereinfachen: Vereinfachte Tanzform: Maria Holzmeister
Aufstellung: Einzeln, frei im Raum. – Schrittart: Hüpfschritt, Gehschritt

A-Teil: Alle Kinder hüpfen frei durcheinander.

B-Teil: Die Kinder fassen sich an den Händen und bilden kleine Kreise. Sie gehen zuerst in Tanzrichtung, bei der Wiederholung in Gegentanzrichtung (16 Schritte).

C-Teil: Die Kinder wenden sich nun zur Kreismitte und erfinden Klatsch-Stampf-Spiele zu dem Metrum: ♩ ♩ | ♩ ♩ | ♩ ♩ ...

Variation: Der Tanz kann auch im sog. „Schneeball-System" getanzt werden, d. h. eine kleine Gruppe beginnt und tanzt die Teile A B C einmal durch. Bei Teil A des 2. Durchganges holt sich jedes Kind einen Partner, mit dem es frei durch den Raum hüpfen oder im Seitgalopp mit zwei gefaßten Händen.
Bei jedem weiteren Durchgang dieses Tanzes kommen im Teil A immer mehr Tänzer hinzu.
Der Tanz eignet sich für Feste mit offenem Tanzangebot.

17. Vorschläge zur Bewegungsbegleitung

Die einfachste Methode zur Bewegungsbegleitung ist die Einbeziehung der sogenannten **„körpereigenen Instrumente“**, in der Fachliteratur auch **„Klanggesten“** genannt. Gemeint ist das Stampfen, Patschen (auf die Knie schlagen), Klatschen und Schnalzen (mit den Fingern schnipsen).

Es können z. B. verschiedene Bewegungsarten mit körpereigener Begleitung kombiniert werden: Mit den Füßen auf den Boden stampfen bedeutet, daß beim Gehen gestampft werden soll. Mit den Händen auf die Knie schlagen signalisiert aufrechtes Gehen. Mit den Fingern schnalzen (schnipsen) bedeutet auf den Fußspitzen gehen wie eine „Ballettänzerin“.

Auch sind zur Bewegungsbegleitung einfache **Schlaginstrumente** (Klangstäbe, Pauke, Handtrommel, Rassel, Triangel, Becken etc.) geeignet, z. B. geht, hüpft oder läuft eine Gruppe durch den Raum, und eine andere Gruppe versucht, dies mit Schlaginstrumenten zu begleiten.

Sogar **die Sprache** kann hierzu herangezogen werden, und zwar geschieht dies in Form von Abzähl- und Kinderreimen, Gedichten, Sprichwörtern und sog. Nonsensversen.

Einfache Melodien, von einem Melodieinstrument (Glockenspiel, Xylophon, Blockflöte etc.) gespielt, können auch die Bewegungen begleiten und dadurch besser anregen.

Einige praktische Übungen zur Auswahl

- Wir sprechen die einzelnen Vornamen der Kinder und machen die Schritte entsprechend der Silbenzahl, z. B. Ka-rin (2 Gehschritte), E-ber-hard (3), E-li-sa-beth (4) etc.

  Variation: Die Namen werden geklatscht, gestampft oder mit Schlaginstrumenten begleitet.

- Der Erzieher oder der Lehrer gibt auf einer Trommel die Lautstärke (leise – laut) oder das Tempo (langsam – schnell) an, und die Kinder bewegen sich danach, gut im Raum verteilt.

- Alle Kinder stehen verteilt im Raum. Ein Kind geht zwischen ihnen herum, die anderen Kinder begleiten mit Klanggesten oder mit Schlaginstrumenten.

- Ein Kind prellt einen Ball, die anderen Kinder begleiten.

- 2 Gruppen bilden. Eine Gruppe bewegt sich, die andere Gruppe begleitet. Rollentausch vornehmen.

- Die Kinder versuchen, ohne Begleitung im gemeinsamen Tempo zu bleiben.

- Der Erzieher oder der Lehrer macht Bewegungen vor, die von den Kindern nachgeahmt werden, z. B. Klatschen und Stampfen im Wechsel, Klatschen rechts – links, oben – unten etc. Das Tempo wird dem Leistungsvermögen der Gruppe angepaßt und kann allmählich gesteigert werden. Diese Reaktions- und Konzentrationsübung kann mit Musik (evtl. Instrument, Schallplatte oder Cassette), aber auch ohne Musikbegleitung durchgeführt werden.

- Die Kinder werden in 4 Gruppen aufgeteilt: Die 1. Gruppe stellt die **„Teddybären“** dar, die durch den Raum stampfen (eine Pauke begleitet dies). Die **„Katzen“** werden von der 2. Gruppe nachgeahmt, sie schleichen durch den Raum (eine Handtrommel begleitet und zwar mit den Fingerspitzen über das Trommelfell streifen). Die 3. Gruppe stellt die **„Vögel“** dar, die durch den Raum fliegen (durch ein Triangel begleitet). Die Kinder der 4. Gruppe spielen die erwähnten Instrumente zur Bewegungsbegleitung.

  Nach einiger Zeit können die Gruppen gewechselt werden.

- Die Kinder bewegen sich nach dem Spiel einer Trommel frei im Raum und kommen auf ein optisches oder akustisches Signal ganz nah in der Mitte des Raumes zusammen (jeder berührt einen anderen). In diesem Haufen versuchen die Kinder, sich gemeinsam fortzubewegen. Wechsel zwischen Haufen-Bildung und freier Bewegung.

  Variation: Wie vorher. Sobald die Gruppe engen Körperkontakt hat, soll sich die Gruppe als Ganzes bewegen, z. B. gemeinsam vorwärts und rückwärts, nach oben und nach unten, langsamer und schneller werden etc.

  Erklärung: Optisches Signal = Hochhalten von Tuch, Fähnchen, Taschenlampe etc. Akustisches Signal: Klanggesten, Instrumente etc.

19. Empfehlenswerte Literatur (Verfasser alphabetisch)

Becker, Ingeborg:	Die Liederkutsche zum Singen, Spielen und Tanzen, Hirschgraben, Frankfurt/M. 1981
Bergmann, Anneliese:	„. . . bis die Sohle fällt vom Schuh“, Spiel- und Tanzbuch (mit Cassette), Diesterweg, Frankfurt 1982
Berzheim, Nora/ Meier, Ursula:	Aus der Praxis der elementaren Musik- und Bewegungserziehung/ Singen-Tanzen-Musizieren, Ludwig Auer, Donauwörth 1977
Blumenthal, Ekkehard/ Ehrich, Marianne:	Stundenbilder zur Bewegungserziehung von 3- bis 8jährigen Kindern, Kallmeyer, Wolfenbüttel 1979
Böke, Barbara:	Lernspiele – Lieder zum Spielen und Lernen, Heft 1-5, Fidula, Boppard/Rhein
Deutscher Bundesverband Tanz e. V.:	Heft A: Literaturverzeichnis; Heft B: Schallplatten; Filme, Heft C: Lehr- und Lernhilfen Bezugsquelle: Deutscher Bundesverband Tanz e.V., Tempelhofer Damm 62, 1000 Berlin 42
van Doorn-Last, Femke:	„Hoy-Hoy“ 1+2 – Alte und neue Kindertänze, Kallmeyer, Wolfenbüttel
Ehrich, Marianne:	Folklore und Beat-Tanzanleitungen + LP, Kallmeyer, Wolfenbüttel
Ernst, Hans-Bruno (Hrsg.):	Musik- und Bewegungserziehung – Multiplikatoren-Modell, Ludwig Auer, Donauwörth 1979
Friedemann, Lilli:	Trommeln-Tanzen-Tönen, 33 Spiele für Große und Kleine, Universal Edition, Wien 1983
Gaß-Tutt, Anneliese:	Tanzkarussell 1, 101 Kindertänze für Kindergarten, Vor- u. Grundschule, Fidula, Boppard/Rhein
Gaß-Tutt, Anneliese:	Kinder-Party Kinderspaß, 70 leichte Tänze, Tanzspiele u. Tanz-Ideen für Kinderfeste, Fidula, Boppard/Rhein 1980
Glathe, Brita:	Stundenbilder zur rhythmischen Erziehung, Kallmeyer, Wolfenbüttel 1972
Große-Jäger, Hermann:	Musikpraxis-Arbeitshilfen für Musik in Kindergarten u. Grundschule, ab Februar 1979. Erscheint vierteljährlich, Fidula Verlag
Haselbach, Barbara:	Tanzerziehung-Grundlagen u. Modelle für Kindergarten, Vor- und Grundschule, Klett, Stuttgart 1971
Haselbach, Barbara:	Improvisation – Tanz – Bewegung, Klett, Stuttgart 1977
Helms-Blasche, Anne:	„Die Tanzkette“ – Tanzbeschreibungen + Notenteil, Friedr. Hofmeister, Wiesbaden 1952
Hoerburger, Felix/ Segler, Helmut:	„Klare, klare Seide“ – Überlieferte Kindertänze aus dem deutschen Sprachraum, Bärenreiter, Kassel 1963
Holzheuer, Rosemarie:	Musik- und Bewegungserziehung in Kindergarten u. Grundschule, Klinkhardt, Bad Heilbrunn 1980
Klindt, Ela:	Tanz in der Schule-Tanzbeschreibungen, Karl Hofmann, Schorndorf bei Stuttgart
Krause-Wichert, Hannelore:	Kindertänze-Tanzbeschreibungen mit Noten, Kallmeyer, Wolfenbüttel 1983
Kreusch-Jacob, Dorothée:	Lieder-Spielbuch für Kinder, Otto Maier, Ravensburg 1978
Lorenz, Thilde:	„Der Zippel-Zappel-Mann“, Singspiele für 5- bis 9jährige Kinder, Fidula, Boppard/Rhein 1955
Lorenz, Thilde:	„Rummelbummel“ – Neue Spiellieder für Kinder von 4 bis 8 Jahren, Fidula, Boppard 1974
Lotz, Inge/Krenzer, Rolf:	„Hast du unsern Hund gesehn?“/„Wir sind die Musikanten“/„Kommt alle her!“/3 Bände neuer Spiellieder für 3- bis 10jährige Kinder, Kösel, München 1976
Maruhn, Heinz:	Bildungsinhalte des Tanzes in : Intervalle 5/6 – 1975 Arbeitskreis für Musik in der Jugend, Wolfenbüttel
Mortzfeld, Alwin/ Cherubim, Friedgund:	„Der tanzende Kreis“ – Singspiele u. Volkstänze, Limpert, Frankfurt/Main 1955
Posada, José/ Reckmann, Hiltraud:	„Esconcido“ – So tanzen u. musizieren Kinder in Südamerika, Fidula, Boppard/Rhein 1978
Posada, José/ Reckmann, Hiltraud:	„Balaio“ – So singen und tanzen Kinder in Südamerika, Fidula, Boppard/Rhein 1981
Posada, José/ Reckmann, Hiltraud:	„La Vibora“ – Spiel- und Tanzlieder aus Mexiko, Fidula, Boppard/Rhein 1984
Schäfer, Hans:	„Tanz mit uns“ – Singtänze, Fidula, Boppard/Rhein 1957
Schmolke, Anneliese/ Langhans, Herbert:	Europäische Tänze in der Schule; Tanzbeschreibung + 8 Schallplatten: Deutschland, Frankreich, Skandinavien, Spanien, Jugoslawien, Bulgarien, Rumänien und Griechenland. Möseler, Wolfenbüttel 1976
Schmolke, Anneliese/ Tiedt, Wolfgang:	Rhythmik und Tanz in der Primarstufe – eine praktische Unterrichtsanleitung, Möseler, Wolfenbüttel 1978
Schuhmacher, Edith:	Singspiele u. Kindertänze für die Grundschule, Hofmann, Schorndorf
Sieler, Ruth:	Kindertänze u. Rhythmikspiele, Edition Wilh. Hansen, Frankfurt/M. 1976
Tauscher, Hildegard:	Lied und Bewegung, Dürrsche Buchhandlung, Bad Godesberg 1968
Zarmer Gertraud:	„Tanz mit“ – 40 moderne u. gesellige Tänze für jung und alt, Pohl, Celle 1979
Zöller, Gerda:	Musik und Bewegung im Elementarbereich – ein Beitrag zur Kommunikations- und Kreativitätserziehung, Auer, Donauwörth 1976

Schlußwort: Im Tanz zeigt sich die Seele des Menschen. Ängste und Nöte der Kinder werden im Bewegungsverhalten sichtbar. In der Bewegung drücken sie ihre Gefühle und Stimmungen aus. Kinder können über die Bewegung ihre Umwelt besser erfahren, sie nehmen Beziehungen zu anderen auf und machen dabei Erfahrungen über sich selbst, über ihren Körper und ihre Person.

In vielen Fällen braucht der Erzieher nicht zum Tanz motivieren, sondern er erhält die Anregungen hierzu von den Kindern, die er nur aufzugreifen und weiter zu entwickeln braucht.

In den meisten Kulturkreisen lernen die Kinder das Tanzen über das Vormachen der Erwachsenen und deren Nachahmung. Leider spielt in unserer Gesellschaft der Tanz nicht die dominierende Rolle, so daß für unsere Kinder oft künstliche Spielsituationen geschaffen werden (Schulhof, Spielplatz, Klassenraum, Turnhalle etc.), um dem natürlichen Bewegungsbedürfnis der Kinder nachzukommen.

Tanzende Kinder haben Freude an der Bewegung. Manche Tänze werden so lange von ihnen getanzt, bis die Freude daran nachläßt. Ihre Ausdauer ist dabei bemerkenswert, denn eine sichere Bewegungsbeherrschung kann die Freude beim Tanzen steigern.

Die in diesem Buch angegebenen Altersstufen sind nur als Richtwerte zu betrachten. Bei der Tanzauswahl sollte nicht nur das Alter, sondern auch der Entwicklungsstand der Kinder eine Rolle spielen. Bei 4- bis 8jährigen Kindern gibt es noch keine Partnerbeziehung wie bei Jugendlichen und Erwachsenen.

In der Grundschule sollte neben die Arbeitsgemeinschaften für Chor und Orchester auch **eine AG für Tanz** angeboten werden. Ein für Tanz aufgeschlossener Lehrer könnte in Zusammenarbeit mit den Schülern Inhalt und Gestaltung übernehmen.

Gelingt es nicht, wie hier vorgeschlagen, mit vierjährigen Kindern zu beginnen, so lassen sich diese Beispiele auch auf ältere Kinder übertragen, solange sie noch Tanzanfänger sind. Einige Themen werden auch in beiden Altersstufen behandelt, dieses dient zur Vertiefung und Wiederholung des Erlernten.

Nun zum Schluß möchte ich Erziehern und Lehrern noch zwei Ratschläge mit auf den Weg geben:

1. Es gibt keine allgemein gültige Methodik des Tanzes, doch können die in dieser Broschüre behandelten Bewegungsspiele, Tanzspiele und Kindertänze dem Erzieher bzw. dem Lehrer exemplarisch einige Anregungen für seine persönliche Methodik aufzeigen.
2. Nicht die ganz perfekt ausgeführte Bewegungs- oder Tanzform sollte das Endziel sein (deshalb sollte z. B. lautes Zählen der Schritte zur Musik unbedingt vermieden werden, denn die Kinder werden dadurch nicht musikalischer!), sondern der Spaß und die Freude bei der Bewegungsausführung und Tanzgestaltung sollten durchaus im Vordergrund stehen.

Heinz Maruhn

Alphabetisches Verzeichnis

der Tanzspiele (Spiellieder) und Kindertänze (Titel und Liedanfänge):

FIDULA-CASSETTEN * Titel der SCHALLPLATTEN (Bestellnummern in Klammern) :

Nr.	Cassette	Titel der Schallplatten	Best.-Nr.
1	TANZLIEDER FÜR KINDER	Ponypferdchen * Cha-cha-cha * Maruschka * Bella Bimba *	(1191)
		Pfeifer Tim * Sascha * Tarantella * Aprite le porte *	(1193)
		Buenos dias * Raspa Mexicana * Banana-Senor * Der Tag *	(1195)
2	TANZSPIELE	Kindergarten-Mixer * Hasensprung * Ku-tschi-tschi * u.a.	(1196)
		Step please * Boogie-Time * Cockey-cockey * U gonni *	(1154)
		Musiken zum Gehen, Laufen, Hüpfen, Springen	(1194)
3	TIER-MUSIKEN	Im Zirkus : Elefant * Affen * Pferde * Tanzbär * Tiger *	(1212)
		In Wald und Wiese : Maus * Hase * Fuchs * Igel * Reh *	(1213)
		In freier Wildbahn : Pinguin * Kamel * Marabu * Löwe * ua.	(1214)
4	KOLOS	Ersko * Ernte * Milanovo * Ura acha * Briul * Alunelul *	(1301)
	MÄDCHENTÄNZE	Karicka * Csardas * Devojacko * Slawka's * Viljanda *	(1302)
	JUNGENTÄNZE	Matrosen-Pfiff * Bankl-Reiter * Pfeiferbuben * Gürteltanz *	(1303)
5	GESCHICKLICH-KEITS-TÄNZE	Mariana * Kreuzsprung * Hexen * Mogelkette * Weberinnen	(1304)
		Dip and dive * Golden Fourposter * La Bamba * Alabama *	(1305)
	TÄNZE aus den USA	Comics * Dandy Rag * Beat Ballade * Cha-cha-Flair *	(1180)
6	KINDERPARTY - KINDERSPASS	Party-Bummel * Fastnachtsmusik * Siebensprung *	(1215)
		Flohmarkt * Teppichknüpfen * Raspa * Top fit * Räuber ua.	(3060)
7	TANZLIEDER AUS DEUTSCHLAND,	Rheinländer * Dreher/Walzer * Ländler * Polka *	(3023)
	ENGLAND	Virginia Reel * O Soldier * Michel Finigin * Greensleeves *	(3023)
	FRANKREICH	La Polka * Räuber von Toulouse * Quand Biron * Sag nicht	(3023)
9	ESCONDIDO	Guabina * Trastrasera * Escondido * Páu-de-Fita *	(1262)
	So tanzen Kinder	Galopera * Pezinho * Chula * Firmeza *	(1263)
	in Südamerika	Balaio * Carneval de Arequipa * Malambo * Cuando *	(1264)
10	LA VIBORA -	A la Vibora * Dona Blanca * Naranje dulce * Munequita *	(3065)
	DIE SCHLANGE	Los Padres * Las Mananitas * La Botella * Juan Pireluro *	(3065)
	Tänze aus MEXIKO	El Cojo * Dame La Mano Paloma * Amo a to * A la rorro *	(3065)
11	LA VIBORA	Instrumentale Fassung - ohne Gesang	(3066)
12	NIGUNIM	Schabbes * A Tänzel * Scherale * Freilach * Dos Harz *	(3080)
	Chassidische (ost-	Goruch habe * Beim Rebben * Hora * Maschiach *	(3080)
	jüdische) Tänze	Chassene * Chawe * A Lidel *	(3080)
14	POLONAISEN	Round the Mountain * Hallo, Mister Telemann	(1221)
	TIGER-TANGO	Saurier-Samba * Boogie * Swing * Cha-Chinchilla * Tango *	(1247)
	KINDERTÄNZE	Wir schließen das Tor * Ei, Müller * Der Herbst * Ich + du	(1270)
15	TÄNZE FÜR KINDER	Schustertanz * Schot * Kreuztanz * Krebspola * Ducec *	(1260)
		Indo eu * Pobelelo+Nemo-Kolo * Kuckuckspolka * Danse *	(1261)
		Die große Reise * Besuch aus Südamerika *	(1152)
		Rummelbummel ging spaziern * Im Kuckucksland *	(1229)
16	MIXERS	Break-Mixer * Swing-Mixer * Samba-Mixer * Shuffle-Mixer	(1197)
	GESELLIGE TÄNZE	Jägermarsch * Czardas * Hiawatha * Cha-Polka *	(1266)
	FÜR JUNG UND ALT	Zigeuner-Polka * Familienwalzer * Masianer * Klapptanz *	(1269)
17	STERNPOLKA	Jiffy-Mixer * Short-Cake * Teton Mountain Stomp * Twist *	(1175)
	UND ANDERE	Letkiss * Gonni Game * Grimassentanz * Rüpeltanz *	(1176)
	TANZSPIELE	Neuer Stern * Doudlebska Polka * Mixbecher * Quirl *	(1178)
18	SINGTÄNZE	Schöne Müllerin * Hartnäckige * Kornschneiden * Jingle bells	(1171)
		Kirmestanz * Wir reiten * Jan Piddewitt * Good night, ladies	(1172)
		Du und ich * Sonne im Mai * Tanz, Mädchen * Heute gehn wir	(1173)
20	DIE 15-MINUTEN-	Yankee-doodle * Lady Margrets Fancy	(1192)
	POLONAISE	Bingo * American Promenade * Ten pretty Girls * Tip-top-M.	(1306)